청화 스님의
염불 공부법

청화 큰스님 법문

비움과소통

서방삼성도(西方三聖圖). 아미타부처님과 관세음보살(우), 대세지보살.

二河白道圖

西岸彌陀招喚

極樂寶圖

東岸釋迦發遣

중생을 사바세계에서 극락세계로 인도하고 접인하시는 석가모니불(右)과 아미타불을 형상화한 이하백도도(二河白道圖)

발 원 문

청화淸華 큰스님

온누리에 충만하시고 영원히 상주하시며 언제나 대자 대비로 만중생을 제도하시는 부처님이시여!

이제 저희들은 삼가 일체 만유의 근본이시고 바로 생명 자체이신 부처님께 지극 정성으로 발원하옵나이다.

본래부터 맑고 밝은 저희 본성이 어쩌다가 어리석은 무명에 가리어 대자대비하신 부처님의 광명을 등지고 탐욕과 분노로 오염된 인생 고해를 헤매이게 되었습니다.

이제 천행으로 부처님의 가르침을 만나 뵙고 사무친 환희심으로 부처님께 서원하옵나니, 부처님의 관음대비로 거두어 주시옵소서.

저희들은 오로지 부처님의 가르침에 수순하여 청정한 마음과 올바른 행동과 바른 말로써 살아가고자 충심으로 서원하오며 한사코 위없는 불도를 성취하여 모든 이웃들을 구제하고자 지심으로 발원하옵나이다.

바로 우주만유의 실상이시며 모든 중생의 고난을 구제하여 주시는 부처님이시여! 부처님의 부사의하신 위신력으로 저희들의 심신이 강건하고 육근이 청정하며 가정과 사회가 평온하고 나라와 온세계가 두루 태평하여 필경에 다 함께 생사윤회 하는 인생 고해를 벗어날 수 있도록 부처님의 대자대비를 드리우시옵소서.

그리고 돌아가신 부모 조상의 영가와 자매 질손 및 일체 친속들의 영가와 이 도량 내외의 모든 영가와 온 법계의 일체 영가들이 부처님 가호하시는 묘력으로 어두운 저승길에서 헤매지 않고 다 함께 극락세계에 왕생케하여 주시옵소서.

그리하여 마침내 헤아릴 수 없이 많은 모든 법계의 무량 중생들이 본래 청정한 자성을 밝히고 불도를 성취하여 장엄하고 찬란한 연화장세계에 노닐며 다 함께 극락세계에서 영생의 복락을 누리게 하여 주시옵소서.

나무아미타불! 나무석가모니불!

나무관세음보살! 나무마하반야바라밀!

차 례

8. 보리방편문

北京佛教文化研究所 北京广化寺监制 佛历二五四七年七月□

1. '정토삼부경' 머리말

우리 인간은 누구나가 다 고뇌와 빈곤이 없는 안락하고 풍요한 행복을 간구하고, 생로병사가 없는 영생永生의 이상향을 그리는 사무친 향수를 지울 수가 없습니다. 그래서 인간의 모든 문화현상은 비록 깊고 옅은 차이는 있을지라도, 다 한결같이 인생 고苦의 구제와 진정한 자유를 그 구경 목적으로 하고 있으며, 다만 그 목적을 실현하는 방법에 차이가 있을 뿐입니다.

그런데 정작 인간의 고액苦厄을 구제함에는 먼저 인간의 본질 곧, 참다운 자아自我가 무엇임을 분명히 알아야 할 것이요, 이러한 문제를 해결하려는 모든 종교·철학 가운데서, 인간의 근본 바탕을 가장 철두철미하게 밝히고, 영원한 안락의 경계에 인도하는 가르침이 불교임은 어느 누구도 부인하지 못할 것입니다.

그리고 불교의 많은 가르침 중에서도 일체 중생을 구제하려는 부처님의 거룩한 서원誓願과 부사의한 공덕으로 장엄된 이상향理想鄉 곧, 극락세계極樂世界를 너무도 생생하고 인상적으로 밝히신 경전은 정토삼부경淨土三部經인데, 이는 무량수경無量壽經·관무량수경觀無量壽經·아미타경阿彌陀經입니다.

그런데, 부처님께서 말씀하신 극락세계란 욕계欲界·색계色界·무색계無色界 등 중생이 생사윤회生死輪廻하는 삼계三界의 차원을 넘어선 영원히 안락한 복지福地로서, 시간·공간과 인과율을 초월한 경계이며, 우리 중생이 필경 돌아가야 할 마음의 고향입니다.

그리고 그것은 허명무실虛名無實한 방편가설方便假說이 아니라 엄연한 영생불멸의 실존實存이며, 우리들의 올바른 수행으로 업장이 소멸할 때, 우리는 스스로 보고 느끼고[感見] 누리는[受用] 상주불변常住不變한 법락法樂의 경계입니다.

정녕, 우리 중생은 본래의 자성自性이 아미타불이요, 우리가 본래 살고 있는 고향은 극락세계인데, 짓궂은 번뇌·업장에 가리어 미처 깨닫지 못하고 그지없는 생사고해生死苦海에 방황하다가 다행히 부처님의 교법敎法을 만나서, 비로소 참다운 자아自我와 진정한 고향인 극락세계로 돌아가게 되는 것입니다.

정토삼부경 초판(1990년 11월 29일자)과 큰스님 친필서각

실로, 영원불변한 우주 자체의 대생명大生命이 바로 부처님이요, 그 부처님의 대명사大名詞가 아미타불이며 부처님의 자비화신慈悲化身이 관세음보살이요, 부처님의 지혜화신이 대세지보살입니다. 그것은 마치 무궁한 태허太虛에 음陰과 양陽의 이원二元이 원융하게 작용하여 만유萬有가 생성하는 것과 비슷한 도리입니다.

이렇듯, 우주 스스로가 그대로 신비·부사의한 부처님

이요, 우주에는 언제나 모든 중생을 구제하는 부처님의 서원이 충만해 있기 때문에, 우리들이 아미타불이나 관세음보살을 생각하고 외우며 부르는 것은, 그것이 바로 부처님과 상통하고 부처님의 가호加護를 입게 되는 깊은 인연이 되지 않을 수 없습니다.

그래서, 진정한 자아自我로 돌아가는 성불의 계기가 되고, 또한 극락세계에 태어나는 결정적인 선근善根이 되는 것이며, 여기에 부처님으로부터 베풀어지는 타력他力과 자기 수행의 자력自力이 아울러 감응感應하는 깊은 의의가 있습니다.

그리고, 우리들이 참다운 실상세계實相世界인 극락세계의 장엄 찬란한 경계를 흠모하고 동경하며, 우주 자신의 이름이요, 우리의 본래면목本來面目의 이름이기도 한 아미타불이나 관세음보살을 일심으로 생각하며 그 이름을 외우고 부르는 것은 우리 범부 중생이 찰나 찰나에 끊임없이 스스로 부처님을 자각하면서 부처가 되어가는 절실하고 안온한 성불의 첩경捷經이 아닐 수 없습니다.

그러기에, 마음에 아미타불과 극락세계의 실상實相을 여의지 않는 염불은 이른바 실상염불實相念佛이요 보왕

삼매寶王三昧로서, 바로 진여자성眞如自性을 여의지 않는 염불선念佛禪이 되는 것이며, 그래서 자력自力과 타력他力, 관觀과 염念, 정定과 혜慧를 함께 쌍수雙修하는 심심 미묘한 염불공덕이 있게 되는 것입니다.

이러한 염불선은 불성佛性에 들어맞는[契合] 천연자연天然自然한 수행법이기 때문에 모든 수법修法을 종합 포섭하였으며, 종파宗派를 초월한 가장 보편적인 행법行法일 뿐 아니라, 바야흐로 분열 투쟁의 역사적 위기에 직면한 불안한 현세대에 가장 알맞는 시기상응時機相應한 안락법문安樂法門이 아닐 수 없습니다.

그런데, 아미타불과 극락세계를 말씀하신 경전은 화엄경・법화경・열반경・능엄경 등 실로 이백二百 수십 부에 달하는데, 특히 화엄경의 입법계품入法界品에는 보현보살이 선재동자를 깨우치는 법문 가운데 "원하옵건대 목숨이 마치려 할 때 온갖 장애가 소멸되어 극락세계에 태어나 아미타불을 뵈올지이다"라고 찬탄하였고, 보적경寶積經에는 석존께서 아버지이신 정반왕에게 염불하여 극락에 왕생하기를 간절히 권하셨습니다.

그리고 마명보살(馬鳴菩薩: 불멸 후 600년경)의 기신론起信論, 용수보살(龍樹菩薩: B.C 2~3세기)의 십주비바사론十住

毘婆娑論과 지도론智度論, 또한 세친보살(世親菩薩: 4~5세기)의 정토론淨土論 등에서도 염불은 부처님의 무량공덕과 근본 서원本願을 확신하는 수행이기 때문에 불·보살과 감응感應하고 불·보살의 가피를 입어 마치 순풍에 돛단 배와도 같이 수행하기 쉽고 성불하기 쉬운 이른바, 이왕이수易往易修의 행법行法임을 찬양하였습니다.

또한 중국에서도 혜원(慧遠: 332~414), 천태(天台: 583~597), 선도(善導: 613~681), 영명연수(永明延壽: 904~975), 중봉(中峰: 1263~1323), 연지(蓮池: 1536~1615)대사 등 염불을 창도하여 자행화타自行化他한 선지식들이 이루 헤아릴 수 없으며, 우리나라에서도 신라의 원효대사(元曉大師: 617~686)와 같이 염불을 주종으로 한 이는 말할 것도 없고, 자장(慈藏: 600년경)·의상(義湘: 625~702)대사 등과, 고려의 대각(大覺: 1055~1101)·보조(普照: 1158~1210)·태고(太古: 1301~1382)·나옹(懶翁: 1320~1376)대사 등과 이조에는 함허(涵虛: 1376~1433)·서산(西山: 1520~1604)·사명(四溟: 1544~1610)대사 등이 선禪과 염불을 융합한 선정일치禪淨一致의 견지에서 염불을 역설하였는데, 특히 서산대사는 그의 선가귀감禪家龜鑑에서 "마명馬鳴과 용수龍樹가 다 높은 조사祖師이면서 염불왕생을 권장하였는데, 내가 무엇이기에 염불을 안 할까 보냐"

라고 간절히 염불을 권면하였습니다.

그런데, 아미타불은 다만 극락세계의 교주教主이실 뿐 아니라 법신法身 · 보신報身 · 화신化身의 삼신三身을 겸전한 삼세三世 일체불一切佛의 본체로서, 그 영원한 생명과 자비를 위주로 할 때는 무량수불無量壽佛이요, 무한한 지혜공덕을 위주로 할 때는 무량광불無量光佛이며, 대자대비大慈大悲를 위주로 할 경우에는 관세음보살입니다.

그래서 여러 경전에는 수없이 많은 부처님의 명호(名號: 이름)가 나오나, 필경 아미타불인 동일한 부처님의 화도化導의 인연에 따른 공덕의 이름에 지나지 않습니다.

이제, 소용돌이치는 현대문명의 폭류 속에서 비록 우리들의 착찹한 인연이 성불의 대도大道를 직행할 수는 없다고 할지라도, 우리 중생이 필경 돌아가야 할 고향인 극락세계와 본래 자성自性인 아미타불을 염원하는 보편적인 인생관과 그에 따른 성실한 수행修行은 한사코 계속되어야만 합니다.

그래서, 우리 고해苦海 중생은 일체 현상이 모두 몽환포영夢幻泡影과 같은 허망무상虛妄無常한 가상暇相에 지나지 않음을 신信하고, 매양 최상 행복한 극락세계의 영상을 지니며, 최상의 개념概念인 아미타불을 염불하는 생활은 우리 자신을 정화하여 그만큼 성불의 경계에 다가서게 하며, 아예 영생의 대도大道에서 물러서지 않는 불퇴전의 결정신심決定信心을 간직하게 될 것입니다.

또한, 그러한 염불생활은 현대인의 불안의식과 사회적 혼란을 극복하는데도 다시 없는 청량제가 될 것임을 확신하는 바입니다. 그래서 그것은 잃어버린 진아眞我의 회복과 분열된 조국의 광복光復과 인류의 영원한 평화와 복지福祉를 위한 가장 근원적인 최상의 길이기도 합니다.

여기에 산승山僧이 미급함을 무릅쓰고 정토삼부경을 번역하는 간절한 비원悲願이 있습니다. 끝으로 이번 불사佛事에 동참하여 주신 여러 불자님들께 충심으로 감사의 합장을 드리며 모든 유연불자有緣佛子들과 더불어 다시금 극락왕생을 다짐하는 바입니다.

一九八○년 경신庚申 四월 八일 석존탄신일

월출산 상견성대에서 비구 清華 합장

* 현재 우리 불교종단은 화두선 위주로 되어 소위 원로스님 대부분이 염불을 경시하는 풍조가 있어서 정말로 부처님께 송구스러워 '정토삼부경'을 먼저 번역 출간하는 바입니다.

* '정토삼부경'에는 신비 부사의한 대목이 적지 않으며, 그래서 경전을 과소 평가하거나 혹은 불신不信하는 이가 있는데, 그것은 범부 중생의 천박한 소견으로 부처님의 심심미묘하고 부사의한 경계와 그 뜻[意趣]을 헤아려 시비하는 교만에서 오는 것입니다.

* 부처님의 경전은 다 한결같이 소중한 생명의 보장寶藏이니 모름지기 겸허하고 경건한 자세로 경전을 정독精讀해야 올바른 이해를 할 수 있을 것입니다. 종파적인 편벽이나 어리석은 선입견을 배제하고, 어디까지나 허심탄회한 통불교通佛敎적인 입장에서 음미해야만 불퇴전의 결정신심決定信心이 확립될 줄 믿습니다.

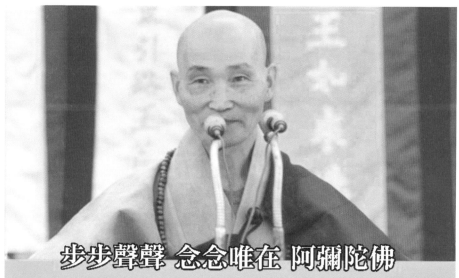

步步聲聲 念念唯在 阿彌陀佛

제일 하기 쉽기에 부처님께서 제일 많이 하신 법문입니다.
이왕이수易往易修라 가기 쉽고 닦기 쉽고 행하기 쉽지요.
금생에 좋고 내생에 극락에 태어나는 것을 보장하는 고로.
보보성성步步聲聲 염념유재念念唯在 아미타불阿彌陀佛이라,
오직 아미타불을 놓치지 않는단 말입니다.
그렇게 외워서 염불삼매에 드셔야 합니다.
그리고 조석朝夕으로 될수록 시간을 많이 내셔야 합니다.
염불하다가 잠들면 꿈속에서도 염불하고 있단 말입니다.
삼매에 들어야 습기習氣가 녹아집니다. 습관성이 없어져요.
하다 안 하다 그러면 안한 것보다 낫지만, 큰 힘을 얻지 못합니다.
득력得力을 못합니다. 기왕 하려면 힘을 얻고 덕도 많이 봐서
부처가 되어야 하지 않겠습니까? 걸음걸음 소리소리 생각생각
오직 아미타불과 함께 있는 삶이 되시기를 간절히 바랍니다.
- 청화 큰스님

2. 염불! 가장 쉽고 확실히 보장받은 성불의 길!

[이 글은 불기 2545년(2001년) 5월 29일 제주도 자성원에서 청화 큰스님께서 하신 아미타부처님 점안식 기념법문을 정리한 것입니다.]

제주도는 유서 깊은 탐라耽羅국입니다. 탐라국이란 부처님 법에 의하면, 아라한 16분 가운데 달타라 존자가 상주常住하시는 곳이어서 부처님 가르침과도 의미 깊은 고장입니다. 이러한 신성神聖한 제주 탐라국, 달타라 존자가 지금도 살아계시는 성소聖所에서 우리 불자님들과 만나게 된 것은 대단히 축복되고 행복한 일이라고 생각합니다.

우리 자성원自性苑의 그 전 이름은 목부원인데 참 좋은 이름입니다. 당시 여러 가지 사정에 따라서 의의 깊게 지은 이름이지마는 자성원自性苑이라는 것이 한결 부처님께 가깝고 또 우리 인간성과 더욱 더 밀접한 관계가 있다고 생각해서 자성원이라고 이름을 개명改名한 것입니다.

자성은 '스스로 자自'자, '성품 성性'자, '동산 원苑'자 자성원입니다. 그러면 자성원이라는 것이 어떤 것인가 하면, 먼저 자성이란 말씀에서 유래한 이름입니다. 자성은 우리 인간성의 본래면목本來面目인 동시에 모든 존재의 본래 성품입니다. 그래서 이 자성원에 들어오신 스님네들이나 또는 불자님들이나 때때로 지나가시는 모든 인연들도 모두 자기 자성, 인간성의 본래자리, 인간성의 근본성품根本性品을 깨달아야 한다는 간절한 소원에서 자성이라고 이름 붙인 것입니다.

우리가 생각할 때 자성은 우리 중생들은 알 수가 없는 것이며 깨달은 성자의 분상에서만 알 수 있다고 한다면 굉장히 어렵게 생각합니다. 그러나 인간의 본래 성품은 중생의 나쁜 버릇 때문에 잠시간 자성을 발휘하지 못하는 것이지 어느 때 어느 순간이고 우리를 떠나 있지 않는 것입니다.

불성이나 법성이나 자성이나 이런 것들이 우리와 떨어져 멀리 있는 것이 아니라 사실은 우리의 실존적인 현재 이래로 항시 그대로 살아 있습니다.

우리 자성은 금생에만 살아 있는 것이 아니라, 과거세

큰스님과 곡성 성륜사 땅 11만 평을 시주한 아산 조방원 화백

나 현재나 미래나 인간성의 본질인 자성은 영원히 존재하는 것입니다.

그러기에 불교에서 말하는 불생불멸不生不滅이라, 나지 않고 죽지 않지요. 무시이래無始以來라, 과거에 시작함이 없어서 과거도 비롯함이 없어요. 무시무종無始無終이라, 미래도 끝도 없이 존재하는 것이 이른바 우리 자성이자 인간성의 본질입니다.

자성이 비록 이와 같이 소중하고 우리가 깨달아야 한다 하더라도, 일반 사람들은 "너무나 어려운 것이 아닌가?" 이렇게 생각들을 합니다.

성인들은 업장이 가볍고 업장을 소멸시킨 분들이고, 다른 전생에서 많이 닦아서 금생에 성인이 된 것이지, 쉽게 될 수 없는 것이 아닌가 하고 의심을 품습니다.

그러나 우리 불자님들, 우리 인간성의 본래 자리인 자성·불성을 깨닫는 것은, 사실은 가장 쉬운 것입니다. 가장 쉬운 것을 잘못 배우고 잘못 느끼고 잘못된 습관성으로 버릇이 잘못 굳어져 버렸단 말입니다.

그것뿐이지, 자성이 어디로 도망가는 것이 아니고, 어느 순간도 자성은 우리한테서 떠나 본 적이 없습니다. 아미타불이나 지장보살이나 대세지보살이나 보살님들 이름도 많고 부처님 명호도 많습니다. 그 보살님들이나 부처님 명호의 실상이 바로 방금 말씀드린 바와 같이 우리 자성인 동시에 우주의 본성이란 말입니다.

부처님 가르침이 중생의 그릇 따라서 그때그때 방편으로 취한 말씀이 많기 때문에 같은 뜻인데도 그릇따라 달리 말씀하셨단 말입니다. 그래서 자성불自性佛 또는 법성法性 또는 실상實相, 실재實在, 주인공主人公, 하나의 도리로 말씀하셨습니다. 그러나 이들 모두의 뜻이 자성自性의 뜻과 똑같은 것입니다.

우리 중생들은 우리 본성이 자성이니까 불성이 자성을

떠나있는 것이 아닌데, 잘못 알아서 불성이나 본래면목이 저 피안彼岸이나 저 하늘에 있다고 생각하고 멀리 구하는 것을 봅니다. 사실은 자성은 바로 불성이고 법성이며, 또 그 자리는 바로 생명 자체이기 때문에, 내 생명인 동시에 우주 생명자체입니다.

우리 불경佛經에는 불성자리는 너의 본성인 동시에 나의 본질이고 우주의 본성이고 우주의 근본생명인 것입니다. 그런데 우주의 본래 생명이라는 자성자리를 사실은 우리 중생들은 짐작할 수가 없습니다. 우주의 근본 성품인 그 자리는 어떤 자리인가에 대해서 부처님은 아주 절묘絶妙하게 말씀해주고 계십니다.

말할 것 없이 바로 자성이 내 성품이고 우주의 성품이고 도리이기 때문에, 자성을 구하는 것이 무엇보다도 중요하고 제일 요긴한 일입니다. 더러는 자성을 구하는 일이 그렇게 소중하다 하더라도 일상생활을 다 물리치고서 자성을 어떻게 구할 것인가, 이것을 염려하실 것입니다.

그러나 사실은 일상생활을 무시하고서 자성을 구하는 것이 아니라 일상생활을 보다 더 효과적으로 승화·장엄한 것이 바로 자성을 구하는 공부입니다.

자성 곧 불성이라 하는 것은, 이른바 만공덕萬功德의 자리입니다. 지혜로 보나 능력으로 보나 행복으로 보나, 어떤 자리보다 완벽한 것이 자성 자리입니다. 곧 불성 자리입니다. 따라서 우리가 한걸음씩 나아간다면, 나아간 만큼 행복도 지혜도 건강도 훨씬 더 좋아지는 것입니다.

우리 중생들은 너무 모양에 집착하는 것이 문제입니다. 가령 자기를 생각할 때 몸뚱이를 자기라고 생각합니다. 우리 불자님들 깊이깊이 생각하셔야 합니다. 불교의 가르침은 우주의 진리 그대로의 가르침이기 때문에 우리 상식과는 맞지 않는 점이 많이 있을 수 있습니다. 그럴 때는 과감히 단호하게 우리의 상식을 버려서 진리에 따라야지 우리 상식을 고집해서는 안됩니다.

다만 우리 중생들은 내 몸뚱이가 내 존재이고 존재의 전부라고 생각한단 말입니다. 그 생각 때문에 우리의 참다운 생명이 발동發動을 못하는 것입니다. 그래서 사실은 자기 개인을 위해서나 사회를 위해서나 가정을 위해서 제일 먼저 해야 할 일은 실지로 자기가 이 몸이 아닌 것을, 허깨비에 불과한 것을 아셔야 합니다. 자기가 아닌 허깨비에 불과한 것을 자기라고 생각하고 있다는 것을 먼저 아셔야 합니다.

우주가 하나의 생명이라고 생각을 하면, 너와 내가 본래로 둘이 아니고, 성품으로 본다면 다 모두가 하나란 말입니다. 우리가 모두 하나의 자리인 것을 안다면, 자기 이익을 위해서 남을 소홀히 대하는 그런 이기심을 절대로 가질 수가 없습니다. 따라서 우리에게 가장 중요한 문제는, 우주의 도리道理대로 산다는 말입니다.

자성인 불성은 어디에 있는가, 어느 때나 이 세상에 가득 차 있는 것이 자성입니다.

자성을 깨닫기 위해서는, 어떤 방법이 가장 쉬운 방법인가, 이것을 몰라서는 안됩니다. 자성을 깨닫는 방법은 부처님께서 누누이 여러 가지로 말씀하셨습니다. 그런데 그 가르침 가운데도 난행문難行門, 이행문易行門이라. 쉬운 문과 어려운 문이 있단 말입니다. 쉬운 문이라 해서 옆으로 빗나간다든가 해서는 안되겠지요.

그러나 부처님 가르침은 묘妙하고 긴요緊要하게도 가장 쉬우면서 가장 확실한 길입니다. 부처님 말씀에 본래가 부처라 했는데, 지금 저 같은 스님네가 속해 있는 조계종曹溪宗은 주로 의심하는 방법을 택해서 공부를 하고 있고, 원불교圓佛敎나 그런 쪽은 의심하지 않고 자성을, 불성을 그대로 믿고 들어가 잠자코 명상만 주로

1985년 태안사 하안거 때의 용맹정진 모습

하는 방법을 취합니다.

또 불교국가佛敎國家라고 자부自負하는 일본日本 사람들은 불성, 자성을 찾기 위해서 의심하는 방법을 취하기도 하고 의심 않고 잠자코 명상을 구하는 파派도 있고 가장 쉬우면서도 효과적인 방법인 염불念佛을 취하는 파도 있습니다.

방금 일본 이야기하면서 염불방법이 나왔습니다마는

우리 불자님들은 깊이깊이 생각하시기 바랍니다. 우리가 본래 부처님과 더불어서 절대로 둘이 아니란 말입니다.

만유가 둘이 아니란 말입니다. 사람만 둘이 아닌 것이 아니라 눈앞에서 아장거리는 병아리 한 마리도 부처와 더불어서 절대로 둘이 아닙니다. 부처님 가르침이라는 것은 신비하고 부사의不思議하기 때문에 어떤 조그마한 것 가운데도 만덕萬德이 다 들어있습니다.

하나의 원자 가운데도 헤아릴 수 없는 기운이 있는데 하물며 우리 눈에 보이는 나무 한 그루나 흙 한 덩어리 또는 물속에나 어느 것 가운데도 무량한 공덕이 다 있습니다. 부처님의 심심미묘한 공덕이 다 들어있습니다. 따라서 보다 쉽게 말하면 우주宇宙라는 것은 모두가 다 부처님뿐입니다. 진여불성眞如佛性뿐입니다.

그래서 우주라는 것은 모두가 다 하나의 빠짐없이 진여불성眞如佛性입니다. 우주의 도리에 들어가지 않는 것이 없습니다. 우주의 도리에 다 들어가니까 우주는 바로 진여인 동시에 진리입니다. 그 자리는 바로 불성이고 생명인 것입니다.

부처님한테 있는 불성이나, 예수나 성자한테 있는 불성

이나 부처님 자리는 모두 똑같단 말입니다. 똑같은 하나의 불성자리입니다.

중생은 겉만 보니까 하나의 생명자리를 못 보니까 다투기도 하고 사회적으로 분쟁과 불행이 있는 것입니다. 사회 전체적으로 여러 가지 제도가 나오고 규제도 하지마는 그런 걸로 해서는 우리 인간 세상의 불행의 뿌리를 뽑을 수가 없습니다. 불행의 뿌리를 뽑을 수 있는 길은 오직 진리에 따르는 길입니다.

그 제일 쉬운 방법이 앞서 말씀드린 바와 같이 부처님 명호를 외우는 것입니다. 부처님 명호 외우는 것이 제일 쉽고 확실한 방법입니다. 어째서 제일 쉽고 확실한 방법인가? 그것은 우리가 본래 부처이기 때문입니다. 우리가 본래 부처이기 때문에, 부처님 명호는 본래 자기의 참 이름입니다.

본래 우리가 부처이기에, 부처님 자리가 바로 자기 자리이기 때문입니다. 부처님 명호가 아미타불 · 관세음보살 아닙니까? 우리 중생들은 금생에 나와서 잘못 배우고 잘못된 버릇이 얼마나 많습니까? 그런 버릇은 갑자기 깨기가 쉽지 않습니다.

이 깰 수 없는 버릇을 중생이 깨기 위한 방법으로, 부

성륜사에 세워진 나무아미타불 석상

처님 명호를 외우는 것이 제일 쉽단 말입니다. 우리의 옛날 할머니나 부모님들이 "나무아미타불 관세음보살" 하는 것이, 너무 쉽기 때문에 별 것이 아닌 것 같지마는, 명호를 부르는 것은 바로 부처님 그 자체 진리의 당체를 부르는 것입니다. 때문에 자기도 모르는 가운데 그분들의 마음이 정화되고 또 우리 마음도 정화시키고 우주를 정화시킵니다.

우주와 내가 둘이 아니어서, 내가 정화되면 우주가 정화되고, 우주가 정화되면 나 스스로도 그만큼 정화를 받는 것입니다. 우리 행동 하나하나가 다 우주와 더불어서 상관관계가 있습니다. 자기한테 붙은 나쁜 습관을 떼고 부처님한테로 가는 제일 쉬운 방법은 부처님 명호를 외우는 것인데, 그 버릇이 깊기 때문에 우리가 공부하는 것도 거기에 상응해서 지속적으로 공부를 해야 합니다.

또 지속적으로 공부할 때는 어떤 효험이 있고 어떤 공덕이 있는 것인가. 우리 불자님들, 우리 마음은 무한의 공덕장功德藏이라. 공덕의 창고나 같단 말입니다. 자비나 지혜나 능력이나 행복이나, 이런 것들이 우리 마음 가운데도 온전히 들어 있습니다. 석가모니불께서 느끼는 그런 공덕이나 지혜나 또는 공자가 느끼는, 갖고 있는 공덕이나 지혜가, 우리에게도 흠절欠節 없이 다 들어있습니다. 다만 못한 것은 개발을 못하고 있을 뿐입니다.

성자가 되는 것은 절대로 어려운 것은 아닙니다. 어디서 빌려 가지고 와서 성자가 되는 것이 아닙니다. 나한테 본래 가지고 있는 불성이니까, 이것을 가리고 있는 나쁜 버릇만 거둬 내면 됩니다. 거두어 내는 작업이 어렵지 않는가? 그렇지 않습니다. 나쁜 버릇 거둬 내는 작업이 절대로 어렵지 않습니다.

염불해서 염불에 일념一念이 되면, "나무아미타불 관세음보살" 외의 다른 이름도 무방합니다. 지장보살도 무방합니다. 부처님 이름은 다 신통합니다. 다 신통한 것인데, 이른바 부처님의 총대명사가 "나무아미타불"이고 또 관세음보살은 자비로운 쪽으로 우주의 인력引力을 상징적으로 말한 것입니다. 따라서 한번 부르면 부른 만큼 우리한테 행복이 옵니다.

우리한테 무슨 병이 있다고 생각해 봅시다. 아까 말한 바와 같이 병도 역시 우리 무지에서 나온 것이 대부분이고, 우리 버릇에서 나온 것이 대부분이기 때문에, 우리가 부처님 명호를 외어서 우리 마음이 일념이 되면, 웬만한 병은 다 물러가는 것입니다. 보통 사람들은 '아, 내가 무던히도 깊은 신앙심을 갖고 있는데 나한테는 단박에 공덕이 오지 않는다'고 의심할지 모르나, 단박에 오지 않을 수도 있습니다.

왜냐하면 과거세에 지은 업이 있단 말입니다. 과거세에 지은 업이 상쇄가 됩니다. 금생에 별로 공부를 성실하게 하지 않는다 하더라도, 과거 업이 가벼운 분들은 보다 더 빨리 마음이 바꿔지겠지요.

부처님 명호를 외는 염불을 하면, 그때는 자기 몸도 가벼워지고 또는 동시에 평소 듣지 못하는 신묘神妙한 우주의 음音을 다 듣는 것입니다. 이른바 천상묘음天上妙音이란 말입니다. 천상 멜로디를 듣는 것입니다. 그와 동시에 더러는 우리가 평소에 보지 못하는 신선한 광명도 볼 수가 있습니다. 왜 그러는가 하면 우주의 순수한 생명은 바로 광명이요 빛이란 말입니다.

우리 불자님들! 우리는 행복 역시 끝도 가도 없이 본래 간직해 있습니다. 절대로 자기 왜소나 자기 비하를 할 필요가 없습니다. 어느 순간도, 심지어는 단두대 위에서라도 자기가 금생에 인연 따라서, 인연이 잘못되어서 사형 당하는 단두대 위에서라도 우리는 행복할 수가 있습니다. 왜 그러는가 하면 사실은 금생에 이 몸은 업신業身이라. 업의 몸은 어차피 가는 것이고 한번 태어난 것은 반드시 죽어야 되고, 만나는 것은 응당 헤어지지 않을 수 없습니다.

그러나 우리 생명 자체는, 우리 본 주인공主人公 자체는 과거나 현재나 미래나 절대로 중단이 없습니다. 영생永生한다는 말입니다. 따라서 자기 생명이 영생한다는 신념이 있다고 생각할 때는 죽음을 두려워해야 할 아무런 이유가 없습니다.

부처님 명호는 무량광명無量光明이라, 또는 청정하다고 해서 청정광불淸淨光佛이란 말입니다. 또는 끝도 가도 없이 우주에 가득 차 있다고 해서 무변광불無邊光佛이라. 이와 같이 광명이 충만해 있단 말입니다. 따라서 우리가 염불할 때도 기왕이면 본래 부처의 자리가 광명 자리니까, 우주에 충만한 광명 자리니까 광명의 이미지를 상상하면서 염불하면 훨씬 더 염불도 잘되고 공덕도 좀 더 빨리 우리한테 다가올 수가 있는 것입니다.

따라서 부처님 명호를 외는 것이 가장 쉽고 확실한 성불의 길입니다. 꼭 부처님 명호를 놓치지 말으시고, 자나 깨나 앉으나 서나, 잊지 마시고 외우십시오. 잠이란 것은 그야말로 우리 생명을 좀먹는 망상밖에 안되는 것입니다. 자는 동안은 결국 죽는 것이나 마찬가지입니다. 가급적이면 잠을 적게 주무시고, 명호를 순간도 잊지 말고 외우십시오. 잠을 적게 잔다고 해도 우리 마음이 신심이 사무치면 절대로 건강에 해롭지가 않습니다.

그리고 우리 불자님들 음식을 절대로 함부로 잡수시면 안됩니다. 음식은 하나의 물질이기 때문에 우리 몸에 들어오면 어느 정도까지는 영양이 되고 생명을 지속시켜 준다고 하더라도, 조금만 지나치면 소화도 안될 뿐만 아니라 그 이상으로 공부에도 대단한 해를 주는 것입니다.

그러기 때문에 절대로 음식을 함부로 들지 마시고, 특

히 할 수만 있다면 육식을 꼭 금절禁絕하시기 바랍니다. 생명이 하나라고 생각할 때, 지금 개고기나 소고기나 닭고기나 모두가 다 하나의 생명이기 때문에 과거 전생에는, 지금 먹는 개고기나 닭고기나 소고기가 결국 자기와 똑같은 자기 형제간, 더러는 자기 친구의 고기를 먹는 것이나 똑같은 것입니다.

그래서 불교에서나 소승계율小乘戒律에서는 이것을 조건부로 해서 육식을 금지했지만, 대승경에서는 일체 육식을 다 금지했습니다. 우리 불자님들! 금생에 잠시 살다가 가는 것이고 고기를 먹는다고 해서 그것이 살로 되는 것은 절대로 아닙니다.

저같이 80이 다 되도록 고기 한 점 먹지 않고 살아도 지금까지 탱탱하게 있는 걸 보십시오. 그런 사소한 것 때문에 우리 마음을, 소중한 우리 마음을 오염汚染시켜서는 안됩니다. 안 자시고 계시면 훨씬 머리도 맑아지고 집안일도 잘 풀립니다.

부처님의 명호는 바로 광명명호光明名號라, 바로 빛의 명호란 말입니다. 행복의 명호, 자비의 명호, 사랑의 명호입니다. **우주의 생명대명사生命代名詞, 그것이 바로 나무아미타불 관세음보살입니다.** 한번 외면 한번 왼만

큼 단 며칠만 해도, 그때는 억지로 하려고 안 해도 그
때는 저절로 염불念佛이 항시 속에서 된단 말입니다.

그러면서 익어지면, 저 영원의 에너지, 영원한 생명의
광명 가운데서, 환희심歡喜心 나는 가운데서 공부가 저
절로 이루어지는 것입니다. 이렇게 하셔서 제일 쉽고
확실한 공부를, 그러나 끊임없이 해야 합니다. 공양을
자실 때도 속으로는 염불하십시오. 우리가 소리를 안
내어도 무방하니까, 소리를 내든 안 내든 다 좋습니다.
그때그때 상황 따라서 내고 하시든, 안 내고 하시든
염불로써 꼭 금생에 성자가 되시고 부처가 되십시오.

제일 마음 편하고 누구한테나 제일 좋고, 가장 좋은
어머니 아버지로 역시 업장을 소멸하고 성자에 가까워
지는 것이 훌륭한 부모가 되는 길이 아니겠습니까. 그
렇게 하셔서 확실하고 쉬운 길로 해서 꼭 금생에 우리
생명이 돌아가야 할 본래의 그 자리를 꼭 닦으셔서 깨
달으시기 바랍니다.

여기 제주도, 우리 한국에서 제일 적게 오염汚染이 된
아주 쾌적한 곳입니다. 동시에 달타라 존자, 16나한
가운데서도 가장 강력하고 청정하고 또는 법력이 제일
수승한 분인 달타라 존자가 계시는 곳입니다. 달타라

존자가 항시 한라산에, 제주도의 한 줌 흙 가운데도 청정하게 계시는 곳입니다.

앞으로 그때그때 여기 오셔도 좋고 그냥 놀러 오시더라도 이 세상에서 가장 쉽고도 가장 확실한 행복으로 가는 부처님이 보장하신 길을 공부하시기를 간절히 바라마지 않습니다. 우리 불자님들 대단히 감사합니다.

3. 이 가을은 염불의 계절 · 도약의 계절입니다

[이 글은 2001년 10월 7일 성륜사 사천왕 점안식 때 설하신 큰스님 법문입니다]

사천왕四天王을 조성해서 회향廻向법회를 원만히 마쳤습니다. 조성한 목아木芽 선생이 솜씨가 아주 훌륭한 분입니다. 그래서 비록 성륜사가 절은 작아도, 사천왕만큼은 한국 어느 큰 절에 비해 손색이 없을 정도로 훌륭한 걸작이 되었습니다.

잘 모르는 분들은 모두 다 일합상一合相으로 관찰해서 "나무아미타불" 하면 됐지, 사천왕을 모실 필요가 있을까? 이렇게 생각하실 분도 계실 것입니다. 이런 점에 대해서 우리가 회의심懷疑心을 가지면 공부에 도움이 안되기 때문에, 제가 풀어서 말씀드리겠습니다.

우리 중생들이 보는 시각이라는 것은 제한되어 있습니다. 우리가 볼 수 있는 현상계 즉 형이하학적인 세계, 물질세계는 볼 수도 있고 말할 수도 있지마는, 형이상학적인 물질을 초월한 세계는 알 수가 없습니다.

가령 원자구조이론原子構造理論은 원자핵을 중심으로 전자가 빙빙 돌고 있는 것이지만, 우리 눈에 안 보이니까 전자 현미경으로 가까스로 감별하는 것이지, 보이지 않습니다. 이처럼 모든 분야에서 우리 중생의 시야에 들어오는 대상은, 극히 우리 중생의 업장業障에 제한된, 업에 여과되어서 나오는 정도를 보기 때문에, 있는 사실대로 보는 것이 아닙니다.

그래서 사천왕도 역시 얼핏 생각할 때는 그렇게 생각이 될 것입니다. 무슨 필요가 있겠느냐 하실 분도 있으실 것입니다. 사실 돈도 많이 들었고 물론 개별적인 시주도 하셨고 또 사천왕은 어떠한 존재인가? 사천왕은 우리 주변의 동·서·남·북을 지키는 하나의 천상적天上的인 존재입니다. 그러기에 불교가 눈에 보이는 세계만 가지고 얘기하면 아주 간단하겠습니다마는, 눈에 안 보이는 세계가 너무 많습니다.

부처님의 청정淸淨 불안佛眼으로 본다면, 우주를 모두 다 빠짐없이 볼 수 있습니다. 또 부처님 차원까지 미처 못 가고 천상적인 존재만 되어도, 우리 인간보다 훨씬 더 잘 보입니다. 또 보살 지위만 되어도 더 잘 볼 수 있습니다.

하여튼 조금도 흠절欠節 없고 부족 없이 우주의 모든 것을 명확히 볼 수 있는 것은, 청정 불안에 한해서만 볼 수가 있습니다. 그런데 대체로 아시는 바와 같이 우리 중생이 생사내왕生死來往하는 세계가 욕계欲界 색계色界 무색계無色界입니다. 욕심을 주로 하는 욕계가 있고, 욕심을 떠나 버린 색계가 있고, 또는 욕심도, 모든 물질적 욕망도 떠나 버린, 이른바 정신만 있는 무색계가 있습니다. 이 삼계三界를 우리 중생들은 자기 업장 따라서 윤회합니다.

그런데 욕계 내에도 천상이 여러 가지 있습니다. 육욕천六欲天이라는 그 천상만 해도 여섯 층계의 하늘이 있습니다. 맨 처음의 낮은 단계가 오늘 우리가 모시는 사천왕입니다. 사천왕은 동쪽에 지국천持國天, 남쪽에 증장천增長天, 서쪽에 광목천廣目天, 북쪽에 다문천多聞天, 이렇게 네 개의 천상이 있습니다.

그래서 사왕천은 동·서·남·북 사방四方을 지키는 천상이란 말입니다. 그리고 수미산의 사방을 지키는 세계인 사주四洲가 있습니다. 사주는 천상이 아니라, 우리 지구같이 지성적地性的인 땅, 지성을 못 떠나는 세계가 사주입니다.

우리가 사는 지구나 이런 데는 남섬부주南贍部洲이고, 그리고 동쪽 승신주勝身洲, 여기는 우리 지구보다 업장이 가벼운 중생이 사는 세계입니다. 서쪽은 우화주牛貨洲인데, 지구보다 훨씬 맑은 존재가 있습니다. 그리고 북쪽은 구로주瞿盧洲라는 곳이 있습니다.

이 지구 가운데서 한국은 그야말로 조그마한 존재밖에 안됩니다. 사대주 중에서도 우리 지구 덩어리가 제일 작습니다. 업장도 제일 무거운 곳입니다. 그러니까 우리가 조심조심하면서 살아야 합니다. 그렇지 않으면 죽어서도 다시 지구에 인도환생人道還生한단 말입니다.

우리 생명은 죽을래야 죽을 수가 없는 것입니다. 불생불멸不生不滅이라, 무시이래無始以來로 우리 생명은 절대로 죽음이 없습니다. 생명 자체는 물질이 아니기 때문에, 형이상학적인 존재이기 때문에, 죽음이 없습니다. 그러기에 금생에 생을 그만두면, 태어나기 싫어도 할 수가 없습니다.

자기가 지은 대로 잘못 살면 지옥도 갈 수밖에 없는 존재입니다. 그래서 그런 도리를 안다면 사실 함부로 살 수가 없습니다. 우리가 사는 대로 가니까 말입니다.

우리가 욕 한마디 하면 욕 한마디 한 것, 남 미워하면 미워한 그대로 업으로 남습니다. 업業이란 따지고 보면 꽹장히 지겹습니다마는, 한편으로 생각하면 고마운 존재입니다. 왜냐하면, 우리가 나쁜 업을 지으면 그것에 상응相應 되어서 나쁜 곳에 태어나지마는, 좋은 업을 지으면 또 좋게 태어납니다. 지금까지는 가난하고 불행하더라도, 당장 마음을 바로 먹고 바르게 행동한다면, 우리 업이 그냥 바뀌어 집니다.

얼마나 좋은 일입니까? 도인道人도 될 수 있는 것이지요. 인간 존재라는 것은 항시 비약飛躍할 수 있습니다. 초월超越할 수 있는 가능성이 있습니다. 우리가 잘못 살았다고 생각할 때는, 그때 그때 잘못 산 우리 마음을 혁신시켜야 합니다.

마음을 혁신시키는 가장 훌륭한 작업이 신앙 아니겠습니까? 가령 "나무아미타불南無阿彌陀佛 관세음보살觀世音菩薩" 염불을 하고, 또 화두를 의심할 때는 화두하고, 이런 것은 모두 우리 정신을 비약시키는 가장 좋은 지름길입니다.

그리고 욕계도 여섯 하늘이 있어서, 사왕천 그 다음에는 도리천忉利天이 있습니다.

부처님을 낳으신 어머니 마야부인摩耶夫人도 맨 처음 돌아가시고는 바로 극락세계極樂世界에 못 갔습니다. 인간으로 해서 지은 바가 그렇게 많기 때문에, 극락세계에 비약을 못했습니다.

왜냐하면 부처님인 아들에 대한 간절한 애착愛着 때문이었습니다. 설사 업장이 가볍다 하더라도, 애착을 많이 품으면 분명히 못 갑니다. 자기 재산에 대해서나, 자기 처에 대해서나 누구를 그리워한다던가 또는 미워한다면 분명히 못 갑니다. 여러분들이 가끔 영혼 천도도 하시지 않습니까만 그 내용은 집착執着을 다 풀어 버리라는 것입니다.

미움이나 사랑이나 모든 것을 풀어 버리고, 아무런 미련 없이 빨리 벗어나고 도약해서 영생의 극락세계로 가라는 그런 법문입니다. 그래서 부처님 어머니같은 대성자大聖者를 낳으신 분도 아들에 대한 애착, 아들을 미처 키워 보지도 못하고 이렛만에 돌아가시는 애절한 그 마음으로 인하여 도리천 밖에 못 가셨단 말입니다.

그래서 부처님께서 공부하시고 교화敎化하실 때, 한 여름 동안에는 3개월 동안 오로지 도리천에 올라가셔서, 어머니를 비롯해서 도리천 천상교화天上敎化를 시키셨습니다. 부처님도 그렇게 효성孝誠이 지극한 분입니다.

부처님이 열반涅槃에 드실 때에도, 도리천 어머니께서 염려가 되어서 천상 사람들을 거느리고 부처님 관棺 주변에 와서 눈물을 흘리고 계셨습니다. 그래서 부처님 께서 그 관 가운데서 벌떡 일어나셔서,

"어머님이시여, 모두 다 무상無常한 것입니다. 생生이 있는 것은 반드시 죽어야 되고, 만나면 반드시 헤어져 야 하는 것이니, 마음을 거두셔서 평정平靜한 마음으로 극락세계에 왕생하소서"하고 간절히 말씀드리니까, 도리천에 다시 올라가셨습니다. 그래서 도리천에 가셔 서 부처님이 특별히 3개월 동안이나 어머니와 천상 사 람들을 위해서 설법을 하셨습니다.

도리천 다음은 야마천夜摩天입니다. 야마천은 염라대왕 閻羅大王이 있는 세계가 야마천입니다. 사왕천, 도리천, 야마천은 같은 천상이지만, 지구라든가 땅 덩어리같은 오염汚染된 영역을 미처 못 벗어났습니다. 그래서 지거 천地居天이라 합니다. 그리고 같은 욕계천상欲界天上도 도솔천兜率天 또는 화락천化樂天 또는 타화자재천他化自在 天은 땅덩어리의 오염된 기운을 벗어나서, 지금 말로 하면 성층권 밖이 되겠지요.

즉 성층권成層圈 밖에 공기가 오염이 안된 그런 천상이 공거천空居天입니다. 아까 말한 지거천하고 합해서 육욕천六欲天입니다. 여섯 하늘입니다. 그러면 여섯 하늘은 어떻게 해서 욕계천이라고 하는가? 이것은 남녀 이성간異性間의 음탕한 욕심, 음식에 대한 욕심, 또는 잠 욕심, 이런 욕심을 온전히 다 뿌리 뽑지 못했기 때문에 그렇습니다.

우리가 상당히 공부했다고 하더라도, 뿌리를 못 뽑으면 욕계의 영역을 벗어날 수가 없습니다. 그래서 욕계를 벗어나면 육욕의 천상을 벗어나서 우리가 정진을 통해 인간의 기본적基本的인 욕심을 떠나면, 비로소 욕계를 벗어나서 색계에 태어납니다.

색계라는 것은 비록 물질세계를 못 떠났지만, 보통 물질세계가 아니라 이른바 광명으로 빛나고 있습니다. 물론 이 광명은 순수純粹 광명은 못 됩니다.

광명으로 빛나고 있지마는, 물질적인 욕망은 완전히 못 떠난 것이 색계이기 때문입니다. 그 다음으로 이제 순수한 정신만 가지고 느끼는, 색계를 벗어난 무색계가 있습니다. 무색계는 아예 물질적인 것은 없습니다. 욕심도 없고 진심瞋心도 떠나고, 순수한 정신만 존재하니다. 그러나 정신만 존재하지, 무명심無明心의 범위는 못 떠나 있습니다.

무명심은 무엇인가 하면, 내가 있고 네가 있단 말입니다. 이것이다 저것이다 하는 존재에 대한 분별심分別心을 내는 것입니다. 그런 것을 못 떠나기 때문에, 미처 무색계도 못 떠납니다. 그래서 욕계·색계·무색계를 온전히 떠나야, 이른바 윤회輪廻를 벗어납니다.

우리 중생은 업을 지으면 지은 대로, 이른바 업의, 카르마Karma의 굴레를 벗어나지 못합니다. 공부를 좀 했다고 하더라도, 아는 것은 많이 있다고 하더라도, 아는 것 그것으로는 윤회를 벗어날 수가 없습니다. 우리가 실험적實驗的 증명證明을 해야 업을 벗어납니다.

이와 같이 우리 중생이 생사 내왕하는 욕계·색계·무색계를 나누어 보면, 이십팔천二十八天이 됩니다. 그래서 우리가 이십팔천을 다 뛰어넘어야 할 것인데, 하나씩 하나씩 사왕천에 있다가 가까스로 한 자리씩 도리천에 올라가고, 또 올라가고 그러다가는 한도 끝도 없습니다. 여기에서 부처님이나 성인들의 가르침이 한없이 고마운 것입니다. 부처님의 가르침이나 성인들의 가르침은 우리를 초월케 하고 도약을 시킨단 말입니다.

여러분이 이렇게 좋은 가을날에 여기까지 오신 것은 도약을 위해서입니다. 꼭 도약을 하셔야 됩니다. 부처님이나 무수한 도인들이 다 증명을 했습니다. 아까 보니까 보적 거사寶積居士 전남대 김지수 교수가 보입디다. 보적 거사가 번역한 『화두 놓고 염불하세』라는 책이 있는데 굉장히 좋은 책입니다.

중국의 인광대사印光大師란 분이 1940년쯤에 열반하셨는데 아주 위대한 분입니다. 참 진실한 분입니다. 그래서 『인광대사 가언록印光大師嘉言錄』이라는 책을 『화두 놓고 염불하세』로 제목을 붙여서 풀이한 것인데 좋은 책입니다.

한국 사회에서 근래, 그렇게 진지하고 체계 있게 염불을 풀이한 책이 별로 없습니다. 고구정녕苦口叮嚀하게 풀이를 했습니다. 그리고 본인이 증명을 다해서 다양多樣하게 다른 공부와 대비해 놓았습니다. 그리고 번역을 잘해서 읽기도 참 좋고 하니, 꼭 보시도록 제가 권해 드립니다.

염불이란 것이 '생각할 염念'자, '부처 불佛'자 아닙니까. 그런데 우리 중생들이 생사 내왕하는 부처까지 다 합해서 십법계十法界라고 합니다. 화엄경華嚴經에도 또 다른 경經에도 말씀을 다 했습니다마는 열 가지 경계境界가 있습니다. 열 가지 경계 가운데 제일 밑인 지옥·아귀, 아귀는 죽어서 가는 나쁜 귀신들이란 뜻입니다.

아귀 다음에 축생·수라, 수라는 업장이 무거워서 싸움만 좋아한단 말입니다. 그러니까 우리 인간만도 못하지요. 다섯 번째가 우리 인간세계입니다. 열 가지 경계 가운데서 우리 중생이 다섯 번째입니다. 지옥·아귀·축생·수라·인간이니까, 우리도 무던히 좋은 일을 많이 해서 인간이 되었습니다. 이렇게 5계를 지키고 하품십선下品十善을 지키면 인간으로 태어납니다.

그리고 중품中品의 10선을 지키고 선정禪定을 닦아서 마음을 가지런하게, 마음을 고요하게 하는 공부를 하면, 욕계 천상에 태어납니다. 그래서 중품·상품까지 올라가서 우리가 착한 일을 많이 하면, 깊은 선정에 듭니다.

여러분들, 삼매三昧란 말씀 들으셨지요. 삼매는 선정이라고도 하는데 인도 말이며 우리 마음이 바른 정심正心에 입각立脚해서 흐트러지지 않는 상태를 의미합니다.

우리들은 참선을 하고 염불을 해도 금방 산란散亂스럽게 되지마는, 참답게 삼매를 성취할 때는 마음에 동요

動搖가 없습니다. 삼매에 들어 마음에 동요가 없어야 마음을 비로소 깨닫는 것입니다. 따라서 삼매에 못 들면 절대로 깨달을 수가 없습니다.

어떤 경로經路를 밟던지 간에 삼매에 들어가셔야 합니다. 그래서 우리 마음이 고요해서 심일경성心一境性이 명경지수明鏡止水가 되어야 합니다. 마음이 밝은 거울이나 고요한 바닷물 같이 되어야 삼매에 들어가는 것입니다. 다시 말하면 삼매에 들어야 우리 마음의 바탕이 보입니다. 항시 말씀드리지마는, 우리 마음은 본래로 자성自性이고 불성佛性이고 본래면목本來面目입니다.

그러나 지금 현재의 우리 마음은 완전한 마음이 못 됩니다. 참마음이 못 되어 있고, 지금 이 마음은 겉에 뜬 마음입니다. 우리 마음의 그 근본 자리, 본래 근원적인 마음은 바로 부처입니다. '부처 불佛'자, '성품 성性'자, 불성입니다. '스스로 자自'자, '성품 성性'자 자성自性이란 말입니다. 우리 마음의 본래면목은 바로 자성이요 불성이요 생명입니다. 따라서 우리가 불성이나 자성 자리에 못 가면 윤회를 거듭합니다.

그러기에 지옥이나 축생이나 아수라나 인간이나 이런 존재가 되는 것은, 모두가 다 우리 마음이 본래 마음 그 바닥까지 사무치지 못하고, 다 못 들어간 것을 의미합니다. 불성이란 것은 한계限界가 있는 것이 아닙니다. 광대무변廣大無邊하여 끝도 갓도 없는 것이 마음입니다.

여기 계시는 여러분의 마음도 다 그렇습니다. 겉에 뜬 마음은 자기 모습이 다르고 이름이 다르듯이 조금씩 다르겠지요. 그러나 마음의 바탕은 똑같이 다 불성이고 자성입니다. 성인聖人들은 자성·불성을 바르게 깨달은 분들이며, 중생은 참 마음인 불성 자리에 가다 가다 못간 사람들입니다. 마음이 제 일로 덮이고 가리워져 있어서, 지혜智慧에 대해서 모르는 것이 지옥에 있는 마음입니다.

그 지옥은 사고思考할 틈이 없습니다. 너무 고통만 있기 때문입니다. 그래서 무간지옥無間地獄이라 합니다. 그런 지옥이 분명히 있습니다. 우리가 어쩌다가 다행히 사람이 되었습니다. 백천만겁난조우百千萬劫難遭遇라, 눈 먼 거북이가 바다에서 떠돌다가 나무토막 만난 격입니다. 물론 엄격히 말하면 우연도 아닙니다마는 어쩌다가 우리가 다행히 사람이 되었습니다.

얼마나 축복된 일인지 모릅니다. 부모님한테 감사하고

모든 존재存在에 감사해야 됩니다. 저같은 사람은 나이가 많아지니까, 모든 분들의 은혜恩惠에 뼈저리도록 감사를 느낍니다. 힘이 부치니까, 자기가 쓰는 이불 하나도 치우기 힘듭니다. 하기야 손주가 있고 며느리가 있고 하면 되겠지만, 그런 신세는 못되지 않습니까?

우리 마음은 그야말로 불성이고 자성이고 참다운 마음입니다. 그래서 염불하는 것은 내 마음의 근본 자리, 내 마음의 근본을 생각하는 것입니다. 마음의 근본은 물질이라든가 어떤 무생물이 아닙니다. 하나의 생명입니다. 살아 있는 생명입니다. 우리에게 마음이 있으니까, 살아 있다고 하는 것입니다. 금생今生에 살다가 인연因緣이 다 해서 마음이 떠나 버리면, 몸뚱이 밖에 무엇이 남습니까? 물질만 남습니다.

물질이라는 것은 사실은 실존인實存的인 존재가 아닙니다. 실체實體가 있는 것이 아닙니다. 물질은 잠시간 우리 마음에 덮인 업業이 각 원소를 긁어모아서 있는 것같이 보이는 것이지, 실존적인 것이 아닙니다. 그러기 때문에 제행무상諸行無常이라 하지 않습니까? 몸뚱이나 다른 물질이나 모두가 다 순간순간 변화하여 무상하단 말입니다. 일반 중생들은 없는 것을 그대로 보지를 못하니까, 있다고 생각합니다.

거기에 중생의 병病이 있습니다. 자기 재산이나 권세나 모두가 다 잠시 지금 있는 것처럼 보이는 것이지, 실존적으로는 있지 않는 것입니다. 우리 중생이 실지로 있다고 보기 때문에 자기 가족을 위해서, 자기 몸뚱이를 위해서, 허망한 자기 명예名譽를 위해서 소중한 자기 생명을 낭비합니다.

부처님 말씀은 간단명료합니다. 그렇게 복잡하고 어렵지가 않습니다. 우리 중생이 무명심 때문에 잘못 살고, 무지·무명을 못 떠나서 말로 생각으로 몸으로 스스로 업을 짓고, 자기가 한 대로 당한단 말입니다.

부처님 상像을 보면, 부처님께서 오른손을 이렇게 하고 계십니다마는, 이것은 무외시인無畏施印입니다. 중생의 공포를 덜어주시는 서원誓願을 상징하는 모습입니다. 왼손을 아래로 하신 것은 여원인與願印입니다. 중생이 바라는 대로 다 주겠다는 부처님의 서원을 나타내는 것입니다. 부처님 서원은 참 철저합니다.

부처님한테서는 어떻게 그런 자비가 나오는가? 천지 우주가 오직 하나의 생명이기 때문입니다. 모든 존재의 뿌리가 같습니다. 김씨도 광대무변한 마음이고, 박씨도 광대무변한 마음이고 모두가 다 광대무변한 마음입니다. 광대무변한 마음인 것을 모르고 욕심을 내면 그만큼 우리 마음이 좁아집니다. 옹졸해집니다. 좁아지면 얼굴도 지뿌러지고 동시에 우리 몸에도 해가 옵니다.

불자님들, 부처님 가르침은 어느 면으로 보나, 우리의 자유와 행복을 위해서나, 가장 도움이 되는 그런 가르침입니다. 자기 건강이나 가족이나 사회를 위해서나, 정치를 위해서도 최상의 가르침입니다. 인간이 본래 타고난 근본적인 성품은 이처럼 고귀하건만, 금싸라기 같은 불성이란 보배를 바로 쓰지 못하고 인생을 허무한 곳에 쓰고 있습니다.

방금 전에 『화두 놓고 염불하세』를 잠깐 이야기하면서 말했습니다마는 그 화두란 것도 어디서 나왔는가 하면, 중국 송나라 때 나왔습니다. 화두를 지금 놔야 한다는 당위성當爲性이 어디에 있는가 하면, 우리 불자님들도 깊이 생각하십시오. 소홀히 생각할 문제가 아닙니다. 화두를 자기 할아버지가 했다던가 금생에 자기 스승이 했다던가, 또는 전통적으로 우리 종단宗團에서 했던가 하는 이런저런 이유 때문에, 인습적因襲的으로 묵수墨守해서 덮어놓고 따라갈 그럴 때가 아닙니다.

여러분이 아시는 바와 같이 지금은 정보화 시대 아닙

니까. 정보화 시대는 지적인 정보를 가지고 정사正邪를 따져야 합니다. 비판해서 가려야 합니다. 화두라는 것은, 중국 송나라 때 대혜종고大慧宗杲스님이 비로소 정형화定型化 시켰습니다. 달마스님이 만든 것도 아니고 또는 2조 혜가慧可, 3조 승찬僧粲, 4조 도신道信, 5조 홍인弘忍, 6조 혜능慧能, 그런 분이 만든 것도 아닙니다.

또 그 뒤 마조馬祖스님이나 임제臨濟스님이나 그런 분들이 만든 것도 아닙니다. 또 송나라 때도 다 화두를 한 것이 아니라, 대혜종고스님 일파에서만 화두를 정형화 시켜 유도誘導했습니다. 그 당시도 저사抵死해서 화두를 반대한 스님네도 많이 있었습니다. 그것이 하나는 화두 없이 잠자코 마음을 관조觀照하자는 조동종曹洞宗의 천동정각天童正覺이었고, 또 하나는 "기왕에 화두를 할 바에는 아미타불阿彌陀佛 넉자 화두를 해라" 하시고 나선 분은, 대혜종고大慧宗杲스님과 같은 시대의 진헐청료眞歇淸了스님이었습니다.

진헐스님은 "기왕에 화두를 할 바에는 '아미타불' 넉자 화두[四字名號]를 해라. 아미타불이라는 것은 우리 마음의 본래면목이기 때문에, 또 우리 마음의 본래 자리를 깨닫는 것이 불교이기 때문에 참선을 하는 것이니까,

기왕에 화두를 할 바에는 의심만 주로 하는 쪽이 아니라 부처님을 백 퍼센트 신뢰하는 아미타불 화두를 해라" 하면서, 그렇게 아미타불 화두를 했습니다.

그러다가 송나라를 지나 명나라 때가 되었습니다. 제가 구구하게 말씀을 드리는 이유는 여러분들이 바빠서 역사적 고찰을 하기가 어려우실 것이기 때문입니다.

명나라 때는 연수年數도 많고 송나라 때보다 고승高僧이 훨씬 많이 나왔습니다. 바로 화두를 한 그 파派에서 많이 나왔습니다. 그런데 그분들은 화두를 반대했습니다. 고승들의 종파는 같은 화두파였는데 반대했습니다.

누군고 하면 운서주굉(雲棲袾宏: 1532~1612)스님, 저 유명한 『선관책진禪關策進』을 쓰신 바로 그 스님입니다. 그 스님도 명나라 불교를 지도하다시피 하신 분이었습니다. 명나라 때 제일 유명한 분입니다.

또 운서주굉스님 다음에 감산덕청(憨山德淸: 1546~1623)스님 이 분도 위대한 분입니다. 또 지욱우익(智旭藕益: 1596~1655)스님 그리고 또 자백진가(紫栢眞可: 1543~1603)스님, 이 네 분이 명나라 때 사대 고승四大高僧입니다.

사대 고승이 다 한결같이 염불 쪽에다 역점을 두고서 불교를 창도創導하신 분이란 말입니다.

그러면 우리 한국에서는 어찌하여 "화두 아니면 참선이 아니다" 이렇게 되었는가? 그것은 송나라 때가 한국으로 치면 고려高麗 때에 해당합니다. 당시 중국에는 대혜종고스님이 이끄는 세력이 제일 강했습니다. 그래서 누구나 법을 배울 때 그 중 세력이 제일 강한 쪽에 가서 배우려고 하겠지요. 그래서 그 화두 하는 쪽에 가서 배워 왔습니다.

그때는 마침 한국은 고려 말엽으로 불교가 정치 세력과 밀착되어, '신돈'같은 사람이 나올 정도로 부패 타락했습니다. 새로운 정치 지배세력인 이씨 조선이 서고, 이조 오백년李朝五百年 동안에는 고려 때 불교의 잘못으로, 부패한 과보果報로 배불排佛이라, 유교인儒敎人들에게 핍박逼迫을 당해서 스님들이 도성 안에도 들어가지 못했습니다.

그런 가운데서 불교가 발전할 수 있겠습니까? 중국은 원나라, 명나라, 청나라 때가 불교가 가장 왕성할 때였는데, 불행히도 명나라 때 불교가 우리나라에 못 들어왔단 말입니다. 설상가상으로 일제日帝 강점기 36년간이나 또 8·15해방 이후 한국 전쟁을 거치면서, 부처님 가르침이 제대로 발전을 못했습니다.

어떤 스님네는 화두를 한번도 안 해 보고도, 또 참선도 안 해 보고도, "화두 아니면 참선이 아니다"라고 합니다. 한국 선방의 모습이 다 이렇게 되어 있습니다. 선방에서도 화두 아니면 참선이 아니라는 것입니다. 달마스님이 한 것도 아니고, 석가모니가 한 것도 아니고, 육조대사六祖大師가 한 것도 아니고, 지금 참선의 교과서教科書 같은 육조단경六祖壇經에도 화두란 말은 한 마디도 없습니다.

다만 "여러분들이 일체삼신자성불一體三身自性佛이라", 우리 마음이 본래로 자성이고 불성입니다. 이러한 불성이 끝도 갓도 없이 꽉 차 있는 이 자리를 청정법신이라고 하며, 이 자리가 내 마음 자리이기도 합니다. 이 청정법신清淨法身 가운데는 만공덕萬功德이 차 있는데, 이것을 "자비다, 지혜다"라고 합니다. 이것을 보신報身이라고 합니다.

이 법신, 보신을 근거로 이루어지는 것, 즉 현상적現象的인 만유가 화신化身입니다. 이 모두가 다 우리 마음속에 있습니다. 따라서 우리는 지금 계발만 못하는 것이지, 우리한테 몽땅 다 들어있는 것입니다. 우리가 한 글자를 안 배워도 마음에 다 들어서, 이것을 불교 용어로 원만구족圓滿具足이라 합니다.

다 들어 있는 내 마음입니다. 학교 갈 수 없으면 안 가도 무방합니다. 우리한테 모두가 다 들어 있기 때문에, 육조혜능六祖慧能스님같은 분도 대 도인이고 육대조사지만 일자무식이었다고 알려지고 있습니다. 석가모니께서도 여러 가지 학문을 배우셨지만, 다 놔 버리고 육년고행六年苦行에 참선을 했지 않습니까? 오직 명상瞑想만 했단 말입니다.

여러분께서도 석가모니부처님만 못할 이유가 아무 것도 없습니다. 여러분도 석가모니부처님께서 갖추고 계시는 지혜나 덕성을 다 갖추고 계십니다. 또한 방법도 쉽습니다. 우리가 본래 부처라는 생각을 한 생각도 안 놓치고 나간다면, 그냥 삼매에 듭니다. 삼매에 들면, 삼매 가운데서 우리 마음의 본래면목 자리, 불성을 깨닫게 됩니다. 학문적으로 못 배웠다 하더라도 슬퍼할 것이 없습니다.

우리 마음은 어떤 상황狀況에 있든지, 저 같은 팔십 노장이나 어린아이나, 모두가 다 부처님, 진여불성眞如佛

性을 가지고 있습니다. 진여불성은 더하고 덜할 것도 없는 것입니다. 생사生死도 없어 영원히 죽지 않고 불생불멸不生不滅하고, 불구부정不垢不淨하여 오염될 수도 없는 것입니다. 아무리 삶의 고뇌苦惱가 심해도 오염이 안됩니다. 그 불성은 바로 우주宇宙의 참다운 생명의 빛입니다.

우리 중생의 눈에는 안 보이지만 불자님들이 일심정념一心正念으로 부처님의 명호名號를 외운다면, 마음이 모아져서 차차로 얼굴도 빛나고 눈도 빛나고 부처님 광명도 볼 수 있습니다. 염불 회향문에 이런 법문法門이 있습니다. 광명변조光明遍照라, 천지우주에는 오직 부처 광명으로만 충만해 있습니다. 부처님 광명이나 우리 마음의 본성이나, 모든 존재의 근본 모습은 한계가 없습니다.

물리적인 빛에는 한계가 있지마는, 생명의 빛은 한계가 없습니다. 끝도 갓도 없이 우주에 충만해 있습니다. 다만 우리 중생이 보지를 못하는 것입니다. 그러나 우리가 차근차근 닦아 깨달아 가면, 자기도 모르는 가운데 서서히 광명이 찾아옵니다. 광명이 빛나면 우리 몸도 가벼워지고 마음도 가벼워지고 행복도 충만해진단 말입니다.

부처님 가르침은 가르침으로 끝나는 것이 아니라, 모든 요익饒益한 것을 우리한테 축복하는 약속이 들어 있습니다. 부처님의 광명이 우주에 두루 충만해 있어도, 우리 중생이 외면하면, 있는 것도 다 찾지 못합니다. 어린애가 어머니에게 졸라야 사탕도 사 주고 젖도 주시고 하는 것과 같습니다.

중생염불불환억衆生念佛佛還憶이라, **중생이 부처님을 간절히 그리워해야, 부처님도 중생을 그리워합니다.** 그러므로 우리가 간절한 마음으로 부처님을 그리워하고 생각하고 이름을 부르고 하셔야 됩니다. 그것은 허망한 것이 아니라, 부처님께서 우리한테 고구정녕히 타일러 주신 것입니다. 어느 모로 보나, 어느 면으로 보나, 닦기도 좋고 공덕도 빠르고 말입니다.

혜원대사慧遠大師가 말한 **공고이수功高易修라, 공이 높고 또 닦기가 쉽단 말입니다.** 극락세계란 것이 우리 근본 고향이어서, 우리 중생은 누구나 다 근본적인 향수가 있습니다. 근본적인 향수가 무엇인가 하면, 우리 생명의 고향으로 돌아가고자 하는 간절한 그리움인 것입니다. 그런 간절한 그리움이 있기 때문에, 그런 그리움에 편승便乘해야 됩니다.

부처님에 대한 간절한 마음으로 내 고향, 내 생명의 근본 자리, 즉 부처님을 간절히 그리워하고 추구해야 합니다. 부처님은 모든 행복과 공덕이 약속된 자리입니다. 그 자리를 싫다고 할 이유가 없습니다. 그리운 갈앙심渴仰心으로 부처님을 간절히 부르십시오.

이 가을에 명상을 하셔야 됩니다. 이 서늘한 가을은 우리의 그리운 고향을 찾기가 제일 좋습니다. 부처님께서 베풀어 주신 참 은혜로운 시절 인연입니다. 이 좋은 가을에 우리 생명을 낭비하지 마시고, 하기 쉽고 공功이 많은 염불로 본래면목 자리를 훤히 깨달으시기를 바랍니다. 가을은 부처님을 부르는 계절입니다.

대단히 감사합니다!

4. 정토와 예토는 따로 있지 않아

[2002년 5월 15일 수요일, 제656호 법보신문]

* 큰스님께서 주창하시는 정토 수행이란 무엇입니까?

- 정토란 것은 청정한 국토를 이르는 것입니다. 번뇌의 탐진치가 사라진, 참으로 부처님 세상, 자비와 지혜 ·공덕만 충만한 사회를 이르는 것입니다. 정토의 반대는 예토라 하는데 그 둘은 따로 있지 않습니다.

부처님 안목에서 보면 현재 우리가 사는 바로 이곳이 극락세계인데 마음이 오염되어 모르는 것일 뿐입니다. 중생의 마음이 부처님의 성품에 못 이르러 현상만 보기 때문입니다. 내가 있고 네가 있다며 상相을 버리지 않으면 절대로 참다운 행복-깨달음을 얻을 수 없습니다.

깨달음에는 해오解悟와 증오證悟가 있습니다. 해오란, 이론적으로 체용體用·성상性相을 다 안다는 것이고, 증오는 염불을 하든 화두를 들든 마음을 오직 하나로 모아서 다른 생각 없이 부처님의 정견에 이른 것을 말합니다. 삼매에 들어서 증명이 되어야 증오입니다. 이에 이르러야 도인이고 성인이며, 이치로 아는 것은 도인이 못된 현자일 뿐입니다.

업이라는 습기를 녹이고 삼매를 이뤄야 무량공덕을 발휘할 수 있지요. 우리 중생의 마음이 하나씩 맑아지면 정토가 하나씩 온다는 것, 극락이 한 개씩 생긴다는 것을 알고 지혜를 밝히려 노력해야 하겠습니다.

* 스님께서는 그동안 수많은 불자를 제접하셨습니다. 요즘의 초발심자는 아무래도 지난 시대의 불자들과 많이 다릅니다. 초발심자를 위해 좋은 수행방법을 일러주십시오. 어떤 길이 가장 효과적인지 궁금합니다.

- 현재는 못된 일도 하고 잠도 많이 자는 삶이라 할지라도 먼저 자기가 부처님을 아는 것이 제일 중요합니다. 부처란 것은 바싹 마른 논리가 아니라 생명입니다. 천지 우주가 생명 뿐입니다. 부처란 것은 하나의 생명이며 우리의 본래면목도 불성 그 자체입니다.

현대물리학으로도 측정이 안된다는 소립자는 에너지의 파동이며 공의 알맹이, 순수에너지의 파동입니다. 일체의 존재를 구성하는 근본요소인 소립자의 본체가 바로 불성입니다. 밝히지 못한다고 해서 빈자리가 아닙니다.

우주는 실상으로 광명으로 불성으로 가득 차 있습니다. 진여불성은 비어 있는 듯한 그 자리에 충만해 있습니다. 현대과학이 지금껏 연구한 것은 모든 것이 변화무쌍하고 허망한 것이라는 점을 밝힌 것일 뿐입니다. 변화하고 생멸하는 현상계는 가상이며 실상의 그림자입니다. 안 보이는 경계에서는 마음만 존재합니다.

눈이라는 한계에서 볼 수는 없으나 우주에 가득한 것, 바로 그것이 불성임을 알아야 합니다. 부처 이름을 부르는 것은 생명의 이름을 부르는 것입니다. **아미타불은 극락세계의 교주이시며 법신·보신·화신의 삼신을 겸비한 삼세 일체불의 본체입니다. 일체 만유의 근본 자성이 아미타불입니다.**

수많은 부처님의 명호 중에 아미타불을 부르는 것은 그 명호들이 아미타불과 동일한 공덕의 이름에 지나지 않기 때문입니다. 나고 죽지 않는 우주의 생명 그 자체, 영생의 생명이기 때문에 무량수불無量壽佛이라고도 합니다.

언제 어디서나 아미타불을 외우십시오. 아미타불을 부르는 것은 나의 참이름인 동시에 우주의 참 이름을 부르는 것과 같습니다. 오랫동안 남이 나를 불러주어 내가 바로 그 이름이 되듯이, 아미타불을 염불하면 바로 내 이름임을 알고 부르는 것이요 본래 부처임을 아는 데 도움이 되는 일이겠습니다.

불이불不二佛이라 부처와 내가 둘이 아니라는 것을 알기 위해 염불하십시오.

* 방편염불 경계해야

- 염불에는 방편염불과 참다운 염불이 있습니다. 명호를 외우더라도 명호의 주인공과 둘이 아니라는 것을 아는 것, 부처가 내 밖에 계신다고 생각하지 않는 것이 참다운 염불이며 염불선입니다. 부처를 자기 밖에서 구하는 것은 방편염불입니다.

'천지 우주가 부처님이시고 내 마음도 부처이고 내 마음의 바탕도 부처이다'고 느끼면서 하는 것이 바로 염불선입니다. 마음으로는 우주 전체가 하나의 부처라는 경계에 머무른 채 입으로는 부처님 명호를 외우십시오. 나의 생명, 우주의 모든 생명이 본래 부처 아님이 없다는 것을 아는 것이 될 것입니다.

여러 공부 중에서 염불공부 하기가 제일 쉬워요. 용수보살도 '받기도 쉽고 이루기도 쉬운 것이 염불'이라고 하셨습니다. 염불은 부처님을 한없이 그리워하는 마음으로 임해야 합니다. 번뇌에 빠져 살고 있는 우리 중생들이 하루빨리 부처가 되려면 부처님을 그리워하는 갈앙심을 갖고 빨리 정화돼야 합니다. 고향을 떠나서 고향을 그리워하듯이, 낳아준 부모님을 그리워하는 그런 마음, 맑은 마음으로 마음의 고향인 부처님의 이름을 불러야 하겠습니다.

떠나온 고향도 그곳, 돌아갈 곳도 그곳임을 알 듯 명호 그대로가 부처님의 진신이요 바로 나의 참 이름임을 알아야 합니다.

* 요즘과 같은 시대에도 도인이 나올 수 있을까 의문입니다. 또 이 몸 그대로 성불을 이룰 수 있을지 회의해왔습니다.

- 이런 때 일수록 공부의 중요성이 큽니다. 정보화 시대라 하여 너무나 많은 것들이 우리 곁에 다가오고 있습니다. 안심이 안되고 마음은 늘 바쁘고 떠 있을 것입니다. 불안을 해소하고 안심입명安心立命하여 안정을 취하고 모든 것을 종합적으로, 하나로 생각하는 사고방식이 굉장히 필요한 시대가 된 것입니다.

부처님 법이 더욱 절실한 시대가 되었음을 알고 번뇌에 가려 구분하고 자타·시비를 일으키지 않도록 공부해 나가시기 바랍니다.

* 스님의 말씀이 바다처럼 깊고도 넓습니다. 스님의 깨달음에 가장 큰 영향을 미친 것을 몇 가지 알려주십시오.

- 부처님 제자로서 살아온 것이 가장 큰 밑거름이 되었겠지만 훌륭한 스승을 만났기 때문이라고도 여기고 있습니다. 동서철학을 다 훑어보고 불교철학은 물론 어떤 신학자, 철학자가 어떤 주장을 했는지도 공부해 보았습니다만 명상에 잠겨있거나 참선만 했다면 훨씬 더 공부가 빨랐을 텐데 하는 후회도 하고 있지요. 칸트 철학이나 신학연구에 세월이 가버린 것이 아쉽고, 박학다식한 말은 할 수 있지만 빨리 도인이 되는데 도움이

되었다고는 할 수 없겠습니다.

깨달음이라는 것은 많이 아는 것과 상관이 없고 오직 삼독심을 없애는 것이 더 중요하다고 여기고 있습니다. 중생을 제도하려면 많이 알아야겠지만 공부할 때는 무엇보다 계율을 잘 지켜야 합니다. 계율을 지키지 않고서는 절대로 바른 공부가 안됩니다. 수행자는 도덕적으로 한없이 청정해야 합니다. 재가 불자들도 채식을 실천해야 합니다. 부처님 가르침대로 살아보세요. 그처럼 편하고 쉬운 것이 없습니다.

글 김민경 기자 · 사진 남수연 기자

5. 월인月印스님이라고 말씀 들어 보셨습니까?

* 큰스님의 이 소참小參법문은 2000년 2월 서귀포 한 가정집에서 스님 몇 분과 신도 몇 분을 대상으로 편하게 말씀하신 것을 녹취한 구어체 그대로입니다. 무주선원 카페에 음성법문은 육조단경 소참법문 속에 있고, 메뉴 육조단경 소참법문에도 있습니다.

한국 현대 승려 중에서 가장 숭배하는 어른입니다. 그이가 구산九山스님하고 좋은 도반입니다. 구산 스님은 이발사 하다가, 월인 스님은 시계 수선공 하다가 승려가 된 분이기 때문에 두 분다 한 동갑이고 해서 굉장히 가깝게 지냈습니다. 저도 인연이 닿아서 그 분하고 백장암白丈庵에서 한 철을 지냈어요. 그 뒤에 여러 차례 같이 지냈고 제가 또 광양 사성암四聖庵에 있을 때도 같이 좀 지내고 그랬습니다.

애초에 그 양반을 제가 알게 된 것은 젊은 사람들이 한 댓이나 구례 사성암에 왔는데, 거기가 굉장히 높아

사진은 큰스님께서 부안 실상사 개원식에 오셨다는 말을 듣고 월명암에서
월인 노스님께서 내려오시어 만난 사진입니다.

요. 옛날에는 교통도 사납고 그때는 섬진강을 건너서
와야 됐는데 누가 특별한 사람 아니면 오질 않아요.
혼자 지낼 때고 그랬는데, 학생들이 한 댓이나 한봉
꿀을 하나 가져왔어요. 그때는 내가 40대 조금 넘었을
때이고 아는 신도도 별로 없는데 여기까지 무슨 정성
으로 누가 보내서 가져왔느냐고 하니까 월인月印 스님
께서 보냈다고 해서, '월인 스님을 한 번 만나 뵙지도
못 했는데 그 양반이 나한테 무슨 뜻이 있어 보냈는
가' 그런 생각이 들어서 고맙다고 인사했는데……

그러니까, 당신한테로 대학교 나온 젊은 사람들이 몇이

나 오니까 당신은 한문만 공부하고 현대공부를 안 했지만 나는 일본도 갔다 오고 했으니 저한테 보내면 적절하게 보완될 수 있다고 생각을 하셨던 모양 같아요. 그 학생들 하고 얘기를 나눈 뒤 보내놓고 생각해보니 저 보다도 훨씬 선배이고 한 번도 인사를 못 드렸는데 꿀만 받아먹고 그냥 말수가 없어서 용돈 좀 아껴두던 것을 가지고 그때는 설탕 같은 걸 사기가 참 어려웠던 때입니다.

아주 귀할 때인데 시내에 아는 점포에 가서 설탕과 과자를 사서 걸망에 지고서, 그 양반이 그때에 함양 토굴에 계실 때에요. 묻고 물어서 올라갔는데 한봉 벌통이 몇 개가 놓여있고 나무 등걸로 앉는 의자를 만들어서 한 스님이 앞만 바라보고 가만 계시는 것이 꼭 신선 같았어요. 어떻게나 천연스럽게 보이던고!

그때 제가 그 양반을 처음 만났지요. 인사를 받으신 후 당신이 공양을 해 주신다고 해서 "양식만 주면 제가 하겠습니다" 했지만 한사코 당신이 하세요. 근데 반찬은 들깻잎 하나에요. 그것도 어떻게 짜게 했는지……
(웃음)

그놈을 얻어먹고 하룻밤만 쉬어가라 해서 또 어른 말

쓴 거역하기도 그래서 "그러면 그럽시다" 하고 하룻밤 묵게 되었어요. 그 후 가끔 더러 지내기도 하고 백장암에서 한 철 지내기도 하고 그랬어요. 그러고 같이 공부 얘기가 나오지 않습니까?

그러면 나의 말을 가만히 듣고 있지만 내가 하는 공부 방법이 마땅하지 않았던 모양이야. 당신은 화두 일변도라서 마땅하지 않았으나 그래도 하여튼 몇십 년 동안 공부하고 온 사람을 자기가 그걸 말라고 할 수가 있습니까? 말리려고 한들 제가 또 그만둘 수도 없는 것이고. 그렇게 왔다 갔다 친하게 인간적으로 가까워지니까 공부방식이야 뭐 이렇게도 하고 저렇게도 하는 것이라고.

한 번은 자기 상좌가 있습니다. ○○스님이라고 은사 스님을 아주 잘 받드는 효 상좌가 있었는데. 그 상좌하고 같이 왔어요.

"청화스님, 나 봐. 내 얼굴 좀 보라"고 해서 "스님 얼굴 대저 참 좋습니다." 얼굴이 그전 보다도 아주 푸근하게 생각된다 말입니다.

이 양반이 평생 계행을 잘 지켜 참 굉장히 청정한 분이셨습니다. 비구니 스님이 뭘 줘도 여자가 줬다 해서

안 받았어요. 그럴 정도로 아주 청정한 분이고 청정하게 살았기에 옷이 없어 구산 스님께 두루마기도 얻어 입었다고 저한테 말할 정도였어요.

그 전에는 서릿발 차듯이 쌀쌀하게 보였는데, 평생 동안 토굴에서 지내면서 계행 바르고 평생 화두 했으니까요. 의심하려면 그게 작업이 쉬운 것이겠습니까? 한두 번이 아니라 몇십 년 동안 의심하고 살았으니까 아무래도 표정도 그런 쪽으로 굳어지지 않았겠습니까?

그런데 그 양반의 얼굴이 훨씬 푸근해요. 그러면서 "내가 지금 달리 그러잖아, 달리 내 얼굴이 이와 같이 푸근하게 보이잖아. 다 청화스님 덕택이야." 그래서 "제 덕은 무슨 제 덕이겠습니까." 그러하니까 "내가 지금 염불을 해." 라고.

그 전에 만났을 때는 내가 장좌長坐 한다고 제법 공부하는 모양은 갖추니까 나한테 대놓고 그래요. 아이고, "참. 청화스님 화두 했으면 진작 깨달아 버렸을 것인데…" 이런 말도 하신 적도 있었어요. 그러면 나는 "제가 업장이 무거워서 그럽니다." 하며 웃고 그랬는데 이젠 당신이 염불한다고 그래요. 대저 얼굴이 푸근하게……

이 양반이 하도 정직하고 원칙적인 분이기 때문에 누구라도 만나면 하여튼 다른 것 할 것 없이 염불하라고 권합니다. 자기 상좌 ○○스님이라고 나한테 오면 항시 수행법에 관해서 꼬치꼬치 질문도 하고 또 어떤 때는 아주 힐난하듯이 따지기도 하고 그랬어요. 그런데 자기 스님이 그러니까 거기에 안 따라갈 수가 있습니까?

한 4~5년 전에 변산 실상사 개원식 때 그 양반이 월명암月明庵에 조실로 계셨네. 내가 왔다고 그러니까 월명암에 케이블카 비슷한 모노레일인가 하는 그것 타고 내려오셔서 만나고. "늙은 말년이니까 청화 스님하고 꼭 같이 지내고 싶은데 청화 스님은 워낙 아는 사람이 많아 복잡하고 나는 아는 사람이 별로 없으니까 같이 지내지도 못해 섭섭하다"고 그래.

그래서 "제 마음은 항시 스님을 모시고 같이 지내는 그런 기분입니다." 그리고 헤어졌는데, 돌아가셨다고 해서 내가 꼭 참여하려고 마음먹었는데 49재齋도 참여를 못하고 그렇게 됐네. 염불이라는 것이 보통 참선하는 사람들은 저만치 밑으로 생각합니다. 방편 공부로써 참다운 참선이 못 된다고 생각합니다.

허나 깊이 공부한 분들은 그런 서투른 말을 차마 못할 것입니다. 비석飛錫 스님이라고 당나라 때 분입니다. 지금 절에 가면 『염불삼매보왕론念佛三昧寶王論』(전3권) 내용은 20문門을 열어서 염불을 근찬勤贊이라고 더러 인쇄해서 붙인 것 보셨습니까? 보왕론寶王論을 이 분이 지었어요. 비석 스님이란 분이 위대한 분입니다.

일념아미타一念阿彌陀, 일념으로 아미타불을 왼다고 생각할 때는 즉멸무량죄卽滅無量罪라. 곧 무량죄를 멸해버린다고 말입니다. 그래서 현수무비락現受無比樂하니, 현생에서는 비할 수 없는 안락을 받는 것이고 후생청정토後生淸淨土라. 후생 내생 가서는 청정극락세계에 태어난다는 그런 뜻이어요.

그러니까 염불이라는 것이 아까도 말씀마따나 월인 스님 같은 분도 저는 그이가 굉장히 복 있는 분이라고 생각합니다. 보통은 그냥 자기가 평생 한 대로 익힌 대로 가버리는 셈인데 그때 나한테 염불한다고 한 것이 팔십 거의 다 돼서이고 구십 넘어서 그이가 갔습니다. 우리가 불교를 공부한다고 할 때에 역사적으로 고찰을 잘못하면 하나에 치우쳐 버린다 말입니다.

세상을 구함이 가장 시급하다(救世最急)는 것은
말세 중생은 근기가 우둔하고 장애가 깊어
해탈과 선정을 매우 얻기 어려우니,
부처님이 큰 자비로 이 정토문을 열어
생사를 가로질러 절단하고 급히 중생을 구원하시니
오직 힘이 미치지 못할까만 걱정한 까닭에
간청을 기다릴 여유가 없었던 것이다.

－운서주굉, '불설아미타경소초'

6. '화두 놓고 염불하세' 서문

이 글은 『인광대사 가언록印光大師嘉言錄』 번역 단행본의 권두 법문을 권청勸請하러 성륜사를 방문했을 때, 청화淸華 큰스님께서 때마침 봉행되던 천도재遷度齋의 회향 법문으로 설하신 것인데 필시 제 염원을 미리 아신 듯 그 내용이 안성맞춤이라, 이튿날 큰스님을 친견한 자리에서 그 뜻을 여쭙고 허락을 받아 가언록의 한글 번역판의 서문으로 대신 싣습니다. 법문의 제목은 독자의 편의를 위해 부득이 옮긴이가 임의로 붙인 것입니다. - 보적寶積 김지수 합장 -

염불 수행으로 극락정토에 왕생합시다!

우리가 믿고 있는 불교는 바로 우주의 종교입니다. 따라서 단지 우리 인간의 행복만을 위하는 그런 종교는 아닙니다. 물론 기독교나 이슬람교나 힌두교나 다 마찬가지입니다만, 불교는 특히 어느 종파의 진리도 부처님 가르침 속에 포함되지 않은 것이 없습니다.

가령 우리 개인적인 행복을 위한다고 하더라도, 부처님

법은 '그 행복이 어떠한 것이고 행복의 반대가 되는 불행의 시초는 무엇인가?'라는 본질적인 문제를 풀어 주지 않으면, 부처님 가르침은 의의가 없고 개인적인 복락도 얻을 수가 없습니다. 우리는 보통 몸이 아픈 데가 없으면 무병하다고 생각합니다. 그러나 사실은 몸이 아프지 않다고 해서 병자가 아닌 것은 절대로 아닙니다.

중생의 번뇌 망상을 벗어나지 못하면, 모두가 다 번뇌 병자입니다. 우리는 지금 번뇌의 병을 앓고 있습니다. 우선 나와 너를 구분하는 자기라는 이기적인 관념자체가 무명병입니다. 무지의 병입니다. 무명 때문에 탐욕심과 분노하는 진동이 많이 생기고 어리석은 마음은 더욱 더 치성해져 우리를 괴롭힙니다.

우리는 무슨 법회에서나 삼보에 귀의하는데, '부처님이 어떠한 존재인가?'라는 관념에 대해 깊이 생각하지 않고, 그냥 부르는 대로 따라서 합니다. 그러나 삼보라는 뜻만 확실히 알아도, 우리는 범부심인 무명을 상당히 벗어나게 됩니다. 같은 불법도 초기에는 '부처님' 하면 모양으로 나투신[化身] 석가모니 부처님만을 부처님으로 숭상합니다. 그러나 부처님의 참 뜻은 이른바 대승불교의 법신法身 부처님입니다.

법신 부처님이라는 사상을 모르면, 우리 부처님 가르침이 우주적 종교가 될 수가 없습니다. 왜 그런고 하면, 화신 부처님은 모양으로 나투신 석가모니 부처님에 국한되기 때문에, 우주 전체를 포섭하지 못합니다.

그러나 법신 부처님은 화신 부처님뿐만 아니라, 다른 성자나 동물이나 식물이나 우주의 모든 존재들이 다 법신 부처님의 개념 속에 포함됩니다. 단지 모양이나 이름이 있는 것뿐만 아니라, 이른바 명부득名不得 상부득相不得이라, 모습도 없고 이름도 없는 그런 존재까지도 법신 부처님의 개념 가운데 다 포섭됩니다.

이렇게 되어야 불교가 진솔히 세계적인 우주의 종교가 되지요. 우리는 지금 국가적인 안녕을 위해서도, 국제 간의 단결을 도모하지 않으면 참다운 한국가의 안녕도 얻을 수가 없습니다. 다른 기업이나 경제도 마찬가지입니다. 세계 모두가 다 국제적이고 우주적인 쪽으로 지향하고 있습니다. 따라서 인류 문화가 발전될수록, 모든 현상은 갈수록 부처님 가르침에 가까워집니다.

그런데 부처님은 그냥 우주의 본질, 우주의 생명 위에서 가만히 계시는 그런 분이 아니라, 그 우주의 생명 자리인 법신 부처님은 본래 다 원력이 있습니다. 우리도 나름대로 자기 수양에 따라 여러 가지 서원이 있지 않습니까? 마찬가지로 모든 생명의 본질인 법신 부처님도 원력이 있습니다. 목적의식이 있다는 말입니다. 따라서 우주의 목적이 무엇인가를 확실히 알아야 우리 신앙도 더 깊어지고, 또 그런 것을 알아야 아까 말한 근본적인 번뇌의 병을 치유할 수 있습니다.

그 법신 부처님, 우주의 참다운 생명인 그 부처님 자리는, 이름이야 어떻게 불러도 좋습니다. 하나님이라고 불러도 전혀 상관이 없습니다. 다만 그 개념이 무엇이든, 그 가운데 우주의 유정有情과 무정無情, 유상有相과 무상無相 모두가 포함되면 좋습니다. 그런 것이 바로 부처님이고 하나님의 참뜻입니다.

지금은 무서운 시대이고 세계의 위기 상황인데, 이런 때 다른 것을 배격하는 마음은 굉장히 치졸한 마음입니다. 이런 마음으로는 이웃간의 화평을 도모할 수가 없습니다. 우리는 나와 더불어 남도 온전히 이해해야 합니다.

이해하기 위해서는 내 뿌리나 그대 뿌리나, 동양사람 뿌리나 서양사람 뿌리나, 모두 다 하나의 생명에서 보아야 한단 말입니다.

조금 어려운 철학적인 용어로 이른바 유출설(流出說: emanation)이라는 말이 있습니다. 이 말은 고대 모든 철학에서 말씀한 것이고, 힌두교나 다른 세계적인 종교도 대체로 그와 유사한 말씀을 했습니다. '흐를 류流'자 '날 출出'자 유출인데, 그 뜻은 우주의 모든 존재와 생명이 우주의 본질로부터 흘러나온다는 말입니다. 마치 바위 틈새에서 물이 솟아 흘러나오듯이, 우주의 본래 생명은 가만히 있는 것이 아니라, 그 가운데서부터 모든 종교가 이루어진다 이 말입니다. 어느 위대한 철인도 유출설을 부인하는 분은 별로 없습니다.

가령 불교의 우주관은 맨 처음도 끝도 없이 항시 영겁으로 순환합니다. 모두가 다 파괴되고 텅텅 비어서 물질이라는 것은 아무것도 없는 세계, 즉 공겁空劫이 된다고 하더라도, 정말 아무것도 없는 것이 아니라, 물질이라는 형상만 없는 것이지 생명은 그 가운데 충만해 있습니다.

따라서 그 가운데 생명의 작용으로 해서 다시 우주가 차근차근 형성되어 나옵니다. 이게 아까 말한 유출流出입니다. 샘물 솟듯이 태양계가 나오고 금성, 토성, 지구가 나옵니다. 어떠한 존재나 근본 진리에서 나왔기 때문에, 그 종말에는 다시 모두 진리로 돌아갑니다.

염불하며 교화하고 제도하면 현생現生에 곧 아미타라,
자비구름을 널리 펴서 서로서로 권면勸勉하며
이 자비와 서원誓願으로 정토의 청정한 인연 두루 맺어서
애정의 강(愛河)에 빠져 있는 사람을 구제하고
윤회하는 고해苦海를 벗어나게 하며,
모두가 다 안락(安樂·극락)국토에 올라가서
부처님의 은혜를 함께 보답할 것이니라.
-성불의 가장 쉽고 빠른 길(徑中徑又徑徵義)

종교는 우주의 근본 진리와 항시 연관이 되어 있기 때문에, 지금은 자기 종교를 지키기 위해서라도 하나의 기본 철학이 확립되어야 합니다. 그 모든 정보, 종교, 학문 체계가 얽히고 설켜 작동되고 있습니다. 이럴 때는 정말로 진리를 소중히 정확하게 파악해야 합니다. 자기 마음의 번뇌를 녹여서 마음의 병자가 안 되기 위해서라도, 꼭 진리의 본질을 알아야 합니다.

그래야 효과적이고 근본적으로 번뇌를 없애지, 그렇지 않고 고식적으로 우선 눈앞에 보이는 것, 예컨대 우리 집이 재수가 나쁘니까, 내 몸이 아프니까 좀 고쳐봐야겠다는 식으로 좁은 마음을 써서는, 자기가 봐둔 것도 근본적인 해결이 안 됩니다. 하물며 우리 인간 번뇌의 본질적인 무명이 제거되겠습니까? 모든 갈등이 무명·무지에서 오는데, 무지에 대한 상식이 없으면 다른 것이 해결이 안 됩니다. 그냥 미봉책에 불과합니다. 그러면 우리 마음은 항시 불안합니다.

우리 본래의 생명이 바로 이 법신 부처님한테서 왔습니다. 법신 부처님은 이름도 모양도 없는 우주의 생명 자체입니다. 우리 마음도 그와 똑같이 모양이 없지 않습니까? 그러나 분명히 우리가 생각함으로 해서 내 마음도 존재합니다.

따라서 우리 마음 성품이나 우주 본래의 생명자리인 법신 부처님이나 똑같습니다. 그러기에 자성청정심自性淸淨心이 바로 참다운 부처입니다. 부처님 신앙 가운데 가장 중요한 것은, 우리 마음을 지금 새삼스럽게 닦아서 부처가 되는 것이 아니라, 본래로 부처라는 소식입니다.

단편적으로만 불교를 공부해서는, 우리 목전에 있는 문제도 본질적인 해결은 절대로 못합니다. 가정이나 사회 문제나 항시 모든 문제를 진리의 차원에서, 우주의 본 바탕에서 비추어 봐야 합니다. 그래야 시원스럽게 해결이 됩니다.

홍로일점설紅爐一點雪이라. 눈 한 줌을 뜨거운 화로에다 넣으면 금방 녹아버리듯, 어느 모습이나 고민이나 진리에서 보면 순식간에 해결됩니다.

진리에서 보면 죽고 살고, 잘 되고 못 되고 문제가 안 됩니다. 왜냐하면, 진리에서 보면 우리 생명은 본래로 죽음이 없습니다. 불생불멸이라, 우리 생명 자체는 본래 나지도 죽지도 않고, 영생永生으로 존재합니다. 내 생명이 몇십 년 살다가 죽겠지. 내 몸이 지금 안 좋으니까, 몇 년 안 가서 죽겠지. 이러면 항시 불안스럽겠지요? 그러나 그런 것은 거품 같고 그림자 같은 것입니다. 죽음이 본래로 없다고 생각하면, 얼마나 용기가 나겠습니까?

앞서 말씀드린 우주의 목적의식은, '근본 본本'자 '원할 원願'자 본원本願이라, 또는 근본 서원이라 그럽니다. 원래 우주는 생명 자체입니다. 우리는 자칫 산이나 냇

물이나 산 위에 있는 절이나 이런 것은 생명이 아니라고 생각합니다. 그러나 이는 우리 인간 정도의 업장을 가진 중생들이 가진 견해이지, 진리의 견해가 못 됩니다.

진리는 우리 인간적인 견해, 탐욕심과 분노하는 마음과 어리석은 마음, 이런 독스러운 마음이 가셔버린 성자의 경지에서만 참다운 진리가 보입니다. 이것을 견성오도見性悟道라고 부르지 않습니까? '견성'은 '볼 견見'자 '성품 성性'자로 우주의 본래 성품을 본다는 뜻이고, '오도'는 '깨달을 오悟'자 '길 도道'자인데, 도道는 바로 진리를 말하므로 진리를 깨닫는다는 말입니다.

그래야 불교 말로 '참된 사람', 진인眞人입니다. 중국 당나라 때 유명한 임제 선사가 무위진인(無位眞人: 차별 없는 참사람)이라고 했는데, 무위진인은 모양이나 이름에 걸리지 않아야 합니다. 우리가 보배에 걸리고 무슨 감투에 걸리고 재산에 걸리면 참다운 진인이 못 됩니다.

불교의 목적은 무위진인이 되는 것입니다. 기껏해야 금생에 재산 많이 모으고 감투가 올라가는 것으로 인간의 목적을 생각하면, 정말로 안타까운 속물입니다. 소

완벽한 것이 우리 마음이기 때문에
마음을 100% 믿는다고 생각할 때는
어떤 분야로 보나 우리 인간의 생명을
최선으로 살리는 것입니다.
세상을 보면 별 것도 아닌 것 가지고
고생하는 분들이 많이 있습니다.
그러나 정말로 바로 믿어버리면
"신시보장 제일법(信是寶藏 第一法)"이라.
보배 가운데 제일 큰 보배가 부처님 가르침,
천지 우주의 생명을 바로 믿는 것입니다.
바로 믿으면 부처님을 한번 외면 외운만큼,
부처님 생각을 한번 하면 한만큼
우리 몸과 마음은 빛나는 것입니다.
-청화 큰스님

중한 자기 생명을 갖고서 속물에 바쳐서 일생을 마치면 되겠습니까? 불자님들, 목전에 가족들 문제라든가 여러 가지 문제가 얽히고설켜서 먹고 살기도 어렵고, 정말로 고난에 처해 있는 분들이 한두 분이 아니겠습니다. 그렇더라도 그런 문제까지도 근본적인 해결은 꼭 진리와 더불어서 해결해야 합니다. 그래야 해결이 빨라지고, 또 어느 고민에도 우리 마음이 불안하지 않습니다.

아까 말한 유출설은 철학자로 플라톤(Platon)이 맨 처음에 제창했습니다. 물론 더 앞선 분들이 다 알고는 있었지만, 한 체계를 세운 것은 플라톤입니다. 우주는 모두가 하나의 진리에서 왔기 때문에, 종국에는 모두가 그 역으로, 하나의 진리로 돌아간다는 말입니다. 우리는 지금 하나의 진리로 돌아가는 나그네 길입니다. 하나의 진리로 돌아간다는 테오리아(theoria)라는 말은, 플라톤의 제자인 아리스토텔레스가 또 한 체계를 세웠습니다.

우주는 인간이 좋다고 생각하고 궂다고 생각하고, 남을 좋아도 하고 미워도 하고 욕심도 내고 하지만, 그런 것도 인간이 잘 몰라서 그렇지, 알고 보면 그런 모든 시행착오를 거쳐서 드디어 모두가 다 하나의 진리로 돌아가는 과정입니다. 우리 불자님들은 그런 도리를 분명히 아시기 바랍니다. 제가 제 말 하는 것은 아닙니다. 위대한 성현들이 철인들이 다 한결같이 하신 말씀을 저는 전달하는 것에 불과합니다.

우주는 하나의 생명에서 왔다가, 나중에는 하나의 생명으로 귀로歸路 합니다. 즉 고향으로 돌아갑니다. 내 아내나 내 남편이나 내 자식이나 모두가 다 실은 빠르고 더디고 차이만 있을 뿐이지, 모두가 다 근본 고향 자리, 진리로 돌아갑니다. 진리에서 왔으니 다른 데로 갈 수가 없습니다.

오늘 이렇게 우리 귀중한 불자님들이 많이 모이셨습니다. 이런 자리를 냥 그렁저렁 미봉책으로 이야기해서는 안 된다고 생각이 들었기 때문에, 납득되기가 어려우셔도 아까 말씀드린 바와 같이 본질적인 진리에다 비추어서 모든 문제를 풀어가도록 하십시다.

그러면 우리가 어떻게 공부를 해야 빨리 근본으로 돌아갈 것인가? 그런 문제를 말씀드리겠습니다. 우리가 본래로 부처이지만, 우리 마음은 지금 여러 가지 못된 생각도 하고, 또 금생에 태어나서 진리에 맞는 생각만 하는 것은 아니지 않습니까? 진리가 뭣인지 모르고 생활해 왔습니다. 그렇더라도 우리 마음의 본성은 진리 그대로인 부처님과 똑같습니다.

우리 마음은 시간성이나 공간성을 가지고 있는 물질이 아니기 때문에, 다른 것으로 해서 더럽혀지지 않고 오염되지 않습니다. 우리가 나쁜 생각을 하더라도, 나쁜 생각이 형체 없이 그림자같이 좀 머물다가 나중에 없어져 버리는 것이지, 우리의 그 청정한 마음을 오염시킬 수가 없습니다. 극악무도한 사람도 마음 본성은 청정무구한 불심과 똑같습니다. 그렇기에 우리 마음은 본래로 부처라고 분명히 말할 수 있습니다.

우리가 본래로 분명히 부처라고 말하지만, 나쁜 버릇이 너무나 많이 붙어 있습니다. 불교로 말하면 무시無始 이래로 몇만 생, 몇천 생 동안에 우리가 인간도 되었다가, 조금 잘 살고 열 가지 선업을 닦아서 천상도 갔다가, 잘못 살아서 지옥도 갔다가, 이렇게 무수 생 동안 행해온 버릇이 붙어 있습니다. 그런 버릇 때문에, 우리가 본래로 부처라는 소식을 들어도 잘 모릅니다.

부처님 당시로부터 삼백 년 후에 음광부(飲光部: 善世部라고도 함, 법유아공法有我空을 주장)라는 근본불교 종파가 있습니다. 불교 종파가 한 20가지나 되는데, 20종파 가운데 하나입니다. 어째서 음광부라고 했냐면 음광부를 개설한 위대한 성자가 하도 빛나기 때문에, 그 성자가 나타나면 다른 빛은 다 들이마신 것처럼 감추어져 버린다는 말입니다.

음광부를 개설한 분은 선세善世라는 분인데, 인도말로 하면 가섭유가 그렇게 말하는 것이고, 한문투로 풀이하면 성자라는 분인데, 그분은 십 세도 채 못 된 일곱 살 때 성자가 되었습니다. 여러분 믿기지가 않으시지요?

아직도 재롱부릴 나이인 일곱 살 때 성자가 되었다니!

우리 인간은 충분히 그렇게 될 수가 있습니다. 다라표라는 비구는 14세 때 승려가 되어, 2년 만인 16세에 팔만장경을 통달하고 아라한과를 성취했습니다. 이것도 믿기 어려운 문제 아닙니까?

그러나 우리 마음이 순수하면 교학적으로 아무것도 안 배우더라도, 우리 마음이 본래로 법신불이기 때문에, 그 자리는 만민이 다 갖추고 있습니다. 그 자리를 분명히 믿어야 합니다. 그러니까 믿음이라는 것이 소중한 것입니다. 믿으면 우리 공부는 순풍에 돛단 배가 됩니다.

신위도원공덕모信爲道源功德母라, 믿음이라는 것은 도의 근원이요, 공덕의 어머니입니다. 바른 믿음이 있어야, 우리 공부도 빠르고 성불도 할 수가 있습니다. 그 믿음은 뭘 믿는 것인가? 밖에 있는 부처님만을 믿는 것이 아니라, 바로 우리 마음이 부처인 것을 믿어야 참다운 바른 믿음正信이 됩니다.

'모든 공덕을 갖추고 있는 것이 본래로 내 마음이다.'

라고 믿을 때는, 우리가 설사 무슨 좌절을 당해서 비관에 처해 있고, 나 같은 하찮은 목숨 차라리 끊어버려야겠다고 생각이 들 때라도 자기 목숨을 끊을 수가 없습니다. 무슨 수로 끊습니까? 가장 소중한 능력이 무한히 자기 마음에 원래 갖추어져 있는데 말입니다.

따라서 그 마음은 무한한 가능성인지라, 우리 믿음과 생각에 따라서는 아까 선세 동자와 같이 일곱 살 먹어서도 성자가 될 수 있습니다. 어느 때도 우리는 실망할 필요가 없습니다. 설사 우리가 교통사고를 당해서 선지피를 흘리면서 목숨이 으스러진다고 하더라도, 실망할 필요가 없습니다. 이 몸에 의지한 우리 마음은 그때 잠시 고통받는 것뿐이지, 몸뚱이가 으스러지자마자 바로 더 나은 삶을 받을 수 있기 때문입니다.

우리가 금생에 바로 살았으면, 교통사고를 당해서 몸뚱이가 으스러진다고 하더라도, 그 순간 몸뚱이가 생명 활동을 그치자마자 더 좋은 쪽으로 천상도 갈 수가 있습니다. 우리 생명은 그러기에 소중하고 존엄스러운 것입니다.

우리가 공부하는 방법도 부처님 법문에 의지하면, 어려

운 문과 쉬운 문이 있습니다. 난행문難行門과 이행문易
行門, 제2의 석가라는 용수보살龍樹菩薩이 그런 문의 체
계를 세웠습니다[용수보살의 십주비바사론十住毘婆沙論에서 이
체계를 세움]. 어려운 문은 우리가 경을 배우고 선방에
들어가서 참선을 하고, 모든 힘을 다해서 받들어 가지
고 한 단계씩 올라갑니다.

그러나 쉬운 문은, 경을 외우지 말라 또는 참선을 하
지 말라는 것이 아니라, 그런 것도 소중하나 그러한
어려운 작업을 안 하더라도 가는 문입니다. 팔만장경을
누가 다 볼 수가 있습니까? 또 좌선해서 삼매에 들어
가기가 쉽지 않습니다. 저는 오십 년 이상 참선을 했
지만, 아직도 공부를 끝내지 못했습니다.

그러나 쉬운 문(易行門)은 별로 어렵지가 않으니, '자기
마음이나 모든 우주의 존재가 오직 하나의 생명이요,
하나의 부처다.' 그렇게 믿고서 부처님 이름을 외우는
것입니다. 불교에서 가장 공부하기 쉬운 염불입니다.
이것이 쉬운 문인데, 제2의 석가 용수보살이 그 체계
를 세웠습니다. 여러분들은 지금 다 염불을 제대로 하
시고 계시겠지요? 그것이 제일 쉽습니다.

내가 부처고 또는 우주 본래의 자리, 우주의 생명이

바로 부처이거늘, 부처의 이름을 외우는 것같이 더 쉽고 절실한 것이 어디에 있겠습니까? 우리 불자님들 마음에다 우주의 훤히 열린 그런 불을 밝히시길 바랍니다. 우리 마음은 바로 부처이기 때문에, 한도 끝도 없이 우주를 다 비추고 있습니다. 자기가 미처 느끼지 못할 뿐입니다. 김씨라는 마음도 우주를 비추고 있고, 박씨라는 마음도 마찬가지이고, 어느 분의 마음도 모두가 다 끝도 갓邊도 없이 조금도 거리낌이나 장애를 받지 않고(無障無碍) 우주를 비춥니다.

따라서 아까 말씀드린 성자, 무위진인이 보면 우주는 이 사람 저 사람, 이것 저것의 광명으로 충만되어 있습니다. 그러기에 무량광불無量光佛이라, 우주 자체가 바로 무량의 빛으로 충만해 있습니다. 다만 원통하게도 우리 중생들이 무명에 가려서, 우주가 다 하나의 부처이고 하나의 광명이라는 진리를 모르는데, 그것을 무명이라고 합니다. 대승경전도 구절마다 모두가 하나의 법문이라 이른바 일원론一元論입니다.

지금 사람들은 대상을 보면, 내가 있으면 네가 있고 이것이 있으면 저것이 있고 상대로만 보지요. 이런 이원론이나 삼원론이 아니라, 우주는 본래로 일원론이라, 하나의 진리라는 말입니다. 그것은 하나의 진리에 그치는 것이 아니라, 바로 생명 자체이기 때문에 부처입니다.

그런 부처님을 우리가 뭐라 이름을 불러야 되겠는데, 가장 절실한 이름이 이른바 관세음보살이나 나무아미타불, 지장보살, 약사여래 모두가 다 그런 부처님입니다. 그런 부처님을 이름 하나만 지었으면 공부하기가 참 쉬울 것인데, 그렇게 못 되었습니다. 그래서 요령대로 우리 공부에 손해가 없도록 해야 합니다.

다 맞고 소중하니까, 이것저것 다 불러야 공부가 더 많지 않겠는가? 이런 것이 굉장히 복잡해 보이고 혼란스럽습니다. 기독교는 그런 의미에서는 참 좋습니다. 하늘에 계신 주님, 하느님 한 분만 믿고 생각하니까 하나로 간단하고 좋습니다.

그러나 불교는 우주 모두를 포함하다 보니까, 어느새 자기도 모르는 가운데 복잡하게 되었습니다. 그러나 총대명사는 바로 아미타불입니다. 지금 이렇게 복잡한 세상에서 지장보살이나 관세음보살이 다 그 자리가 그 자리입니다만, 그래도 기왕이면 총 대명사를 부르는 쪽으로 우리 마음을 모으는 것이 필요하다고 생각됩니다. 우리 마음을 하나로 모아야 할 것인데, 너무 이름을

여러 공부 중에서 염불공부 하기가 제일 쉬워요.
용수보살도 '받기도 쉽고 이루기도 쉬운 것이 염불'이라고 하셨습니다.
염불은 부처님을 한없이 그리워하는 마음으로 임해야 합니다.
번뇌에 빠져 살고 있는 우리 중생들이 하루빨리 부처가 되려면
부처님을 그리워하는 갈앙심을 갖고 빨리 정화돼야 합니다.
고향을 떠나서 고향을 그리워하듯이, 낳아준 부모님을 그리워하는
그런 마음, 맑은 마음으로 마음의 고향인 부처님의 이름을 불러야 하겠습니다.
떠나온 고향도 그곳, 돌아갈 곳도 그곳임을 알 듯 명호 그대로가
부처님의 진신이요 바로 나의 참 이름임을 알아야 합니다.
-청화 큰스님

많이 불러 놓으면 관념도 헷갈립니다.

그래서 합리적으로 생각하시도록 제가 말씀을 드립니
다. 벌써 보살 지위라는 것은 하나의 생명 자리이고,
보살 지위가 아니더라도 본래로 하나의 생명 자리입니
다. 그 보살들 이름은 모두 뿔뿔이 몸뚱이가 따로 있
어서 그런 것이 아니라, 다만 그렇게 하나의 덕명德名,

공덕의 이름으로 부르는 것입니다.

사람도 조금 똑똑하고 자리가 높으면 호가 여러 가지 있고, 사회적 지위에 따라 무슨 회장, 무슨 회장 그런 이름이 많이 붙지 않습니까? 그런 것과 똑같이 부처님 자리도 만덕을 갖춘 자리라, 그냥 몇 가지 개념으로는 그 덕을 다 표현을 못해요.

그래서 자비로운 쪽으로는 관세음보살, 지혜로운 쪽으로는 문수보살, 원행 쪽으로는 보현보살, 그렇게 붙는 것이기 때문에, 모든 별명은 하나의 공덕명입니다. 그러나 총 대명사, 본질은 바로 아미타불이라, 그래서 경전에서도 "나무 본사 아미타불南無本師阿彌陀佛"이라고 읽습니다.

아까 법회 시작 전에 스님네들도 나무아미타불을 그렇게 부르셔서, 제 마음도 굉장히 흐뭇하게 생각했습니다. '스님네도 정말 참 저렇게 모두가 하나로 생각해서 공덕 이름을 총 대명사로 부르시는구나.'라고 저도 참 동조를 했습니다.

우리 불자님들께 앞으로 관세음보살이나 지장보살을 부르지 말라고 제가 말씀드릴 수는 없습니다. 다만 모두 똑같은 자리인데, 지장보살을 좀 더 좋아하는 분들이 그렇게 부르면서 거기에 집착해 버리면 다른 것은 저만큼 밑으로 볼 수 있습니다. 그런 고하상高下相, 높고 낮은 그런 차별상을 두지 않기 위해서는, 아까 말씀드린 대로 우선 모두가 다 같다고 생각하고서 총 대명사쪽으로 우리 마음을 모아야 한다고 생각합니다.

그러기에 신라 때 원효 스님도 마을에 다닐 때, 표주박을 때리면서 "나무아미타불 나무아미타불" 그렇게 많이 불렀습니다. 고려 초기에 대각국사 의천대사도 그렇게 했고, 또 보조국사도 염불 주문을 보면 그렇게 했고, 나옹대사 태고대사 다 그렇지요. 그분들은 될수록 복잡한 것을 다 합해서 하나의 진리로 마음을 향하게 했습니다.

그래서 우리 불자님들도 아미타불로 하시고, 거기다가 나무南無는 아미타불에 '귀의한다', 우리 모든 생명이라든가 역량 모두를 아미타불로 '귀의한다'는 뜻입니다. 내가 본래 아미타불인 것이고 아미타불이 되어야하는 것이니까, 그쪽에다 자기의 온 정력과 정성을 다 바쳐야 되겠지요.

그 다음에 중요한 문제는 아미타불에 대한 관념입니다. 어떻게 무엇을 생각하면서 아미타불을 부를 것인가?

그냥 이름만 부르면, 우리 마음이라는 것이 여태까지 익히고 배우고 습관성을 붙여 놔서, 자꾸만 잡스러운 생각이 많이 납니다. 그렇기에 우리 마음의 소재를 어디다가 둘 것인가? 그것이 중요한데, 아미타불은 사람 같은 모양이 아니지 않습니까?

그러나 소박한 단계에서는 부처님 상호를 관찰해도 무방합니다. 왜냐하면 부처님 모양인 상호는 만덕을 갖춘 32상 80수형호라, 부처님 얼굴은 조금도 흠절이 없습니다. 지혜로 보나 덕으로 보나 능력으로 보나, 만능의 상징으로 부처님의 상호가 나왔습니다.

불경에 보면, 부처님께서 3아승지 겁이라는 무수한 세월 동안 몇천 번도 넘게 자기 몸을 일반 중생한테 희생하고 순교했습니다. 한 겁도 무량 세월인데, 백 겁 동안 32상 80수형호라는 근본 상호를 이루기 위해 모든 복을 지었습니다. 그렇게 해서 부처님의 원만한 상호가 나왔기 때문에, 우리가 부처님 상호를 보면서 나도 그렇게 닮아야 하겠구나 하고 염불을 하는 것도 좋습니다.

그러나 그런 것은 아직 상을 덜 떠난 염불인 것이고, 부처님의 참다운 법신은 우주 어디에나 언제나 무엇이나 충만해 있는 하나의 생명의 광명입니다. 그것이 이른바 무량광명 아닙니까? 아미타불 별명 가운데 무량광불도 있습니다.

또 아미타불은 바로 나지 않고 죽지 않는 우주의 생명 자체, 영생의 생명이기 때문에 무량수불無量壽佛이라고도 합니다. 그런 부처님의 이름은 한도 끝도 없는 부처님의 공덕을 다 표현했습니다. 그렇게 우리가 부처님을 생각하면서 부르는 이름 가운데 모든 것이 다 포함되어 있기는 하지만, 이름과 더불어서 부처님 공덕을 다 일일이 열거할 수는 없습니다.

아까 말씀드린 바와 같이 우선 한도 끝도 없이 잘생긴 얼굴을 관상하면서 나도 닮아야 되겠구나, 나도 만덕을 다 갖추기 위해서는 모든 중생을 위해서 시시때때로 자기라는 관념을 줄이고 정말로 공평무사한 행동을 해야 할 것입니다.

그래서 언제 어디에나 한도 끝도 없이 빛나는 아미타불을 외우시면 좋습니다. 이것을 불교 용어로 말하면, 우주의 참다운 모습을 담아서 하는 염불이기 때문에, '실다운 실實'자 '모습 상相'자, 실상염불입니다. 또는 법신염불法身念佛이나 진여염불眞如念佛이라고 하는데, 실상염불과 다 같은 뜻입니다. 그렇게 하면 철학적으로 염불을 하는 것이 됩니다. 우주의 도리 그대로 하는 것이기 때문입니다.

그러나 부처님 상호를 관찰하는 것은, 아직 상을 두어서 철학적인 염불은 못 되고 하나의 방편 염불입니다. 그렇게 우리 마음이 모아져 하나로 통일되면, 그때는 깊은 염불삼매라, 오직 부처님만 생각하고 다른 것은 거기에 낄 수가 없게 됩니다. 우리가 소박하니 다른 것은 생각하지 않고, 부처님 이름만 외다가 우리 마음이 오직 하나로 통일되는 게 염불삼매입니다. 그러나 우리 마음으로 부처님의 원만 덕상을 상상하면서 염불삼매에 들어도 좋습니다.

여러 가지 교학도 많이 배우시고 '조금 철학적으로 정말로 우주의 실상에 맞게끔 염불해야 되겠구나.' 그런 분들은 실상염불, 법신염불, 진여염불을 하면서, '우주의 끝도 갓邊도 없이 만덕을 갖춘 진리가 어디에나 충만해 있구나, 다만 우리 중생이 어두워서 미처 보지 못하는 것이구나.' 생각하면서 하면, 이것이 이른바 가장 고도의 철학적인 염불이 됩니다.

흔히 우리가 생각할 때는, 얼마나 공부를 해야 그렇게

될 것인가, 그런 의심을 품으시겠지요. 사실은 그것이 조금도 어렵지 않습니다. 왜냐하면 염불은 할수록 마음이 가벼워집니다. 우리가 생각할 때 다른 작업은 너무 지나치게 하면 몸도 무거워지고 마음도 피로해지지요.

그러나 염불이라는 것은 꼭 소리를 내야만 되는 것이 아니니까, 소리를 내도 좋고 안 내도 좋고, 또는 가만히 앉아서 가부좌를 해도 좋고 걸으면서 해도 좋고, 또는 반쯤 앉아서 하든 반쯤 서서 하든 어떻게 하나 좋습니다. 조금도 제한이 없습니다. 또는 누워서 해도 무방합니다. 염불은 조금도 피로함이 없습니다. 우리 건강 상황에 따라서 편리한 대로 하면 됩니다.

다만 중요한 것은 염념상속念念相續이라, 생각생각 거기에 다른 잡념이 끼지 않도록 해야 한다는 것입니다. 그래야 마음이 통일되어서 삼매에 들어갑니다. 꼭 염불삼매에 들어가야 공덕이 나옵니다. 염불삼매에 안 들어가면 참다운 공덕은 미처 못 나옵니다. 한 번 하면 한 번 한 만큼 공덕은 분명히 있습니다. 그러나 정말로 삼매에 들어가야 무위진인이라, 참다웁게 견성 오도한 그러한 성자가 됩니다.

그것이 항시 목적이 되어야 합니다. 왜냐하면 우리는

성자가 안 되고 버틸 수 없기 때문입니다. 금생에 안 되어도 본래가 부처인지라, 우리는 꼭 성자가 되고 맙니다. 꼭 부처가 됩니다. 부처가 이 사바 현상세계에 나투었다가 다시 부처로 돌아가는 것이 우리 인생의 갈 길이고, 모든 존재가 다 그렇습니다.

이것이 아까 말한 테오리아, 모든 존재가 중심을 향해서 나아가고 있다는 말입니다. 나무나 흙, 하나의 원자 모두가 다 가장 중심적인 그 에너지, 우주 기氣에서 다 나오고 있습니다. 우주의 기가 천차만별로 형성되었다가, 다시 우주의 기 하나로 돌아갑니다. 하나에서 와서 모두가 되었다가, 모두가 다 하나로 되는 것이, 영겁으로 되풀이되는 우주의 원리입니다.

염불은 한 번 하면 한 만큼 몸도 좋아지고 마음도 맑아지고, 동시에 자기 집안도 맑아지고 우리 주변을 정화시킵니다. 생각해 보십시오. 본래 부처이기 때문에, 부처님의 이름을 외우는 것같이 우주를 정화시키는 것이 없습니다. 어떤 물리적인 힘보다도 그 나무아미타불 관세음보살 한 번 외우면, 그것이 바로 자기 마음도 몸도 자기 주변도 가정도 우주도 정화시킨다는 말입니다. 그러나 그런저런 세간적인 공덕을 위해서 하는 염불은 하나의 기초에 불과하고, 가장 중요한 것은 삼매

아미타불은
우리들의 본래면목입니다.
우리들의 본래 마음자리입니다.
명나라 4대 고승들이 하나같이
염불 쪽에 무게를 두었습니다.
 - 청화선사

에 든다는 것입니다.

삼매에 들어야 우리 범부심을 녹이고서 성자가 됩니다. 삼매에 들기 전에도 염불을 오래 하면 그냥 보통 재미가 아닙니다. 나중에는 자기가 안 하려고 해도 저절로 속으로 하고 있게 됩니다. 처음에는 소리를 내서 하지만, 오랫동안 하다 보면 나중에는 가만히 있으면서 자기도 모르는 사이에 속으로 하고 있습니다. 그리고 속에서 하는 소리가 그냥 보통 소리가 아니라 그렇게 신기할 수가 없습니다.

불자님들 그런 공덕이나 행복을 꼭 맛보시길 바랍니다. 돈 주고서 하는 것도 아니며, 그렇게 애쓰고 하는 것도 아닙니다. 참 간단합니다. 우리가 안 하려고 해도 우러나오는 염불이 얼마나 행복스러운지 모릅니다. 머리도 맑아지고 가슴도 시원하고 말입니다. 마음이 맑아지면 동시에 피도 맑아집니다. 그렇기에 건강으로 보나 무엇으로 보나 최적의 법입니다.

그리고 드디어는 그 부처님의 광명, 빛나는 부처님이 앞에 훤히 보이게 됩니다. 미신도 아니고 맹신도 아닙니다. 부처님은 우주의 진리이고 그 자리는 만물의 자리이기 때문에, 우리 중생이 부처님 같은 그런 광명이 빛나는 모습을 보고자 하는 마음이 있을 때에는, 우리 마음이 청정해짐에 따라서 꼭 앞에 나옵니다.

그것 보고 불교 말로는 '부처 불佛'자 '설 립立'자, 부처가 앞에서 보이는 불립삼매(佛立三昧: 반주삼매般舟三昧라고도 함)라고 합니다. 그러면 모든 의심이 다 풀리고 마음에 막힘이 없게 됩니다.

책 가운데 십주비바사론(十住毘婆沙論: 용수보살 지음. 제9편에 정토를 설한 이행품이 있음)이라는 책이 있어요. 거기에 나오는 법문인데, 우리 중생은 본래로 마음이 부처

염불은 결정코 믿어야 합니다.
무릇 염불공부가 힘을 얻지 못하는 것은 신심信心이 부족하고
원심願心이 간절하지 못해서 염불공부가 힘을 얻지 못한 까닭입니다.
문제는 도대체 어디에 있습니까?
두 세계를 꿰뚫어 보지 못했기 때문입니다.
의심이 있어 극락세계를 꿰뚫어 보지 못했고,
미련이 있어 사바세계를 꿰뚫어 보지 못했습니다.
이곳에 미련이 남아 있으면 극락세계는 여전히 의문이 있습니다.
그래서 공부가 힘을 얻지 못합니다. 어떻게 해야 합니까?
고인께서 가르치신 방법이 유효합니다.
바로 경전(무량수경)을 천 번 독송하면 그 뜻이 저절로 드러납니다.
-반주삼매경 심요

이기 때문에 그 마음 확실히 붙들고, 그 마음 놓치지
않고서 그 마음으로 마음을 닦는 공부, 형식으로가 아
니라 마음으로 마음을 닦는 그런 공부는 일자무식도

무방합니다. 일곱 살 먹은 사람도 전생에 많이 닦았기에 금생에 조금 순수한 환경 만나서 그냥 금방 도인이 되어버렸습니다.

언제 어느 때나 우리가 도인이 못 되라는 법은 절대로 없습니다. '형무소에 있으나 어디에 있으나 어느 때나 마음에 사무치게 정말 내 마음이 석가모니부처님 마음 또는 모든 성자의 마음과 하나의 마음이라, 내 마음은 본래로 오염시킬 수가 없다. 따라서 내 마음 자체는 어느 공덕이나 능력이나 다 포함되어 있다.' 이렇게 100%로 딱 믿고서 부처님을 생각하고 부처님 이름을 외운다고 생각할 때, 모두가 성불할 수 있습니다.

이렇게 복잡한 세상에서는 기왕이면 그런 식의 쉬운 문으로 공부를 해야 하겠지요. 그렇다고 어려운 공부를 말라는 것은 아닙니다. 사실은 우리가 제대로 알아먹지 못해서 그렇지, 어느 경전이나 모두가 다 쉬운 쪽으로 말씀했습니다. 그대 마음이 바로 부처인 것을 믿고서 그대로 공부하면 된다고 말씀했습니다.

그래서 달마 스님도 "불립문자不立文字라, 문자를 세우지 않고서 이심전심以心傳心이라, 마음에서 마음으로 깨달아라." 그런 말씀을 하셨습니다. 참선도 원래 의미는 그래요. 아미타불이 저 밖에 계신다고 하면 방편 염불이지만, 그러나 자기 마음이 바로 자성불이라 생각하고서 화두를 들고 염불을 하고 주문을 할 때는 모두가 참선입니다.

우리 불자님들 기왕이면 참선하고 싶겠지요. 지금 사람들은 염불이라는 것을 잘 몰라서, 염불은 그냥 누구나 하는 것이고 참선은 더 고도의 수행이라고 생각하기 쉽습니다. 그러나 그렇지가 않습니다. 우리 마음자세에 달려 있습니다. 우리가 화두를 든다고 하더라도, 자기 마음이 부처인 줄을 모르면 그때는 참선이 못 됩니다.

그러나 염불을 하건 주문을 외우건 간에, '우리 마음이 바로 만능을 갖춘 부처님이다' 생각하고 염불이나 주문을 외운다면, 그것이 바로 염불선이 되고 또는 염불주문이 됩니다. 가령 우리가 하나님으로 보더라도, 하나님이라는 개념 내용이 우리 부처님의 법신불과 똑같다면 "오, 주여!" 한다고 하더라도 그대로 참선이 됩니다.

우리는 어려운 문화시대에 살고 있습니다. 앞으로 도래하는 문화는 세계적인 진리가 다 융통해야 합니다. 그렇지 않고서는 공연히 종교 때문에 서로 싸우고 전쟁하게 됩니다. 그러면 이것은 종교도 아니고 아무 것도 아닙니다. 따라서 우리가 어느 도둑놈이나 누구나 다 부처님 자손이라고 생각해야 합니다. 이렇게 해야 참답게 불교의 진리를 믿는 것이고, 동시에 가장 쉬운 공부이고 행복해지기 쉽습니다.

염불 한 번 하고 나면 귀신이나 신장이나 다 좋아합니다. 우리 눈에는 안 보이지만 그런 존재가 굉장히 많은데, 그런 나쁜 귀신들도 좋아하고 두려워합니다. 더구나 "중생염불불환억衆生念佛佛還憶이라", 원래 우리가 부처거니, 우리가 부처를 부르면 부처도 역시 우리를 굽어본단 말입니다. 따라서 부처님의 가피가 분명히 있습니다.

거기다가 "염념상속念念相續이라", 생각 생각에 끊임 없이 염불한다고 생각할 때는 염불삼매에 들고, 삼매까지는 미처 못 간다고 하더라도, 우리 마음은 부처님이라 염불을 안 해도 저절로 염불이 나오게 됩니다. 그렇게 느끼시길 바랍니다. 그렇게 느끼시면 정말로 매일매일 신묘한 멜로디를 들으면서 공부할 수가 있습니다. 그렇게 꼭 염불삼매에 들어서 우리 본래의 고향 땅에, 본래 들어가야 할 그 자리에 금생에 꼭 가셔야 하겠습니다.

오늘 초대를 받으시는 영가靈駕들도 지금까지 제가 드린 말씀을 명심하셔서, 그 어두운 저승, 저승길은 굉장히 어두운 세계인데, 저승길에 헤매지 마시고 극락세계, 극락세계는 번뇌를 다 없애버린 청정한 존재가 들어가는 세계, 즉 성자가 들어가는 극락세계에 들어가시길 바랍니다.

극락세계는 꼭 금생에 성자가 되어야만 가는 것도 아닙니다. 금생에 갖은 나쁜 일을 많이 했더라도, 영가들은 지금 몸이 없으니, 마음으로 부처님을 100% 믿고 100% 믿는 그 마음으로 우리 인간과 우주의 참다운 생명 자체인 나무아미타불을 간절히 외운다면, 그 공덕으로 해서 성자가 미처 못 된 영가도 본래 마음은 오염이 안 되었기 때문에 순식간에 극락세계에 왕생할 수가 있습니다.

나무 석가모니불

나무 본사아미타불!

염불念佛이란
본래 부처와 하나임을 확인하는 수행

염念이란 각 사람마다 일으키는 현재의 한생각을 말하고
부처佛란 사람마다 깨달은 참 성품이다.
지금 한생각一念으로 불성佛性을 깨달아 간다면
이는 곧 근기가 수승한 사람의 염불로서
부처와 하나임을 확인하는 것이고
본래 부처인 자리를 떠나지 않는 수행이다.
_ 용수보살의 대지도론大智度論

龍樹菩薩

7. 아미타불이 여러분의 참 이름입니다

(1) 부처란 것은 완벽한 자리

부처란 것은 완벽한 자리이기 때문에 그 자리를 확신할 때는 우리 몸도 거기에 따라가는 것입니다. 꼭 그런 것입니다. 그래서 불타관을 확립하시고 그 다음은 계율을 청정히 하십시오. 현재는 부처님 계율을 더러 함부로 합니다. 부처님 말씀은 거짓말이 없습니다. 부처님 말씀은 사소한 것이나 우리 몸뚱이에 대해서나 우리 마음에 대해서나 어떤 것에 대해서나 조금도 오류가 없는 그런 말씀입니다.

더러 세세한 계율 가운데는 인도에는 있고 우리 한국에는 없고 그런 점은 있을 수 있겠지요. 그러나 적어도 음식을 어떻게 먹으라. 이성간에 어떻게 사귀라. 이런 정도는 조금도 빈틈이 없습니다. 이런 것은 꼭 우리의 마음과 몸을 정화해서 우리 중생들로 하여금 본래 성품 자리 진여불성 자리를 온전히 깨닫게 하는 그런 법문입니다. 그러기 때문에 계행을 지키지 않으면 그때는 우리 마음도 정화가 안 되고 우리 몸도 정화가 안 됩니다.

어느 분들은 물질이라는 것은 허망한 것이니까 마음속으로 범하지 않으면 되겠지. 그러나 몸과 마음이 둘이 아니기 때문에 몸으로 범하면 마음도 그만큼 범하게 되는 것입니다. 따라서 철저하게 부처님께서 말씀하신 계율을 지키셔야 그래야 우리 몸도 마음도 정화가 되어서 그래서 우리가 불성 자리에 더욱더 가까워지게 되는 것입니다.

본래 부처인 우리 중생이 업을 지어서 어느 정도 그 업에 물들어 있기 때문에 나쁜 습관성 때문에 습관성 習慣性을 떼는 것이 공부인 것입니다. 나쁜 습관성 때문에 우리 몸도 아프고 마음도 흐린지라, 그 습관성을 떼어 버려야 합니다. 그러므로 우선 계행이 청정해야 쓰겠지요. 계행이 청정해야 우리 마음에 선정禪定이라 하는 삼매三昧의 기운이 담깁니다.

우리 중생의 마음은 파도같이 항상 혼란스러운 것입니

다. 혼란스러운 마음을 바람 잔 파도같이, 또는 맑은 거울같이 그렇게 돼야 참다운 지혜가 비춰 옵니다. 우리 중생들 마음은 마치 터럭 끝같이 항시 동요부단動搖不斷해 마지않습니다. 이것은 '나'라는 관념, '너'라는 관념에 가려서 이른바 반야바라밀을 몰라서 그럽니다.

설사 반야바라밀般若波羅蜜을 어렴풋이 알았다 하더라도 우리에게는 습관성이 오랫동안 축적되어 있기 때문에 철저한 계행을 지켜야 습관성이 녹아나고 동시에 우리 마음이 가면 갈수록 우리 생활이 하루하루 부처님과 가까워지는 것입니다.

몇 말씀 더 드립니다만 앞서 말한 바와 같이 부처님 가르침은 완전무결한 가르침인 것이고, 일미평등一味平等한 가르침이기 때문에 이른바 대도무문大道無門이라, 참다운 진리라는 것은 어느 문이 따로 있고 따로 없는 것이 아니란 말입니다.

염불하는 문이나 주문하는 문이나 참선하는 문이나 또는 기도 모시는 문이나 다 똑같습니다. 그러나 다만 핵심이 무엇인고 하면 우리 마음이 진여불성이라 하는 그 반야바라밀 자리에 입각해야 합니다.

그러기에 "참선도 부달성공不達性空하면 좌선무익坐禪無

益이라." 제법의 공자리에 우리가 이르지 못하면 참선해도 별 볼일이 없단 말입니다. 부달성공, 일체 성품이 본래로 비어 있다는 그런 경계를 모른다고 생각할 때에는 좌선무익이라, 참선을 하여도 별로 이익이 없다는 것입니다.

지금 내 공부가 되네, 안 되네 그런 사람들은 보통은 다 모든 명상名相이 본래로 허망하다는 것을 잘 몰라서 그럽니다. 자기 재산도, 자기 몸뚱이도, 자기 관념도 모두가 본래 바로 즉공卽空이라, 본래 공이란 말입니다. 따라서 이렇게 느낄 때는 지장보살을 부르나 뭣을 부르나 다 하나입니다. 지장보살 약사여래 관세음보살 모두다 진여불성 자리의 공덕을 우리한테 표하는 자리입니다. 부처님 자리가 무슨 이름이 따로 있습니까.

진여불성 공덕이 무한 공덕이기 때문에 한 말로 하나의 개념으로 해서는 다 표현을 못합니다. 그러니까 부처님을 진여불성을 자비로운 쪽으로 봐서는 관세음보살, 지혜로운 쪽으로 봐서는 문수보살, 우리 중생들의 병고를 다스리는 쪽으로 봐서는 약사여래, 우리 영혼을 이끌어서 극락세계나 천상으로 인도하는 그런 면에서는 지장보살 그러는 것입니다.

부처님의 자비와 지혜 광명은 우주에 충만해 있습니다. 부처님은 바로 순수한 생명의 광명입니다. 따라서 부처님이 바로 우주의 광명이다. 이런 차원에서는 무량광불無量光佛이라, 우리 생명의 본질인 부처님의 수명이 영생불멸永生不滅한 그런 차원에서는 무량수불無量壽佛입니다. '목숨 수壽'자 무량수불이란 말입니다.

번뇌가 조금도 없이 청정한 면에서는 청정광불淸淨光佛이라, 행복이 충만한 면에서는 환희광불歡喜光佛이란 말입니다. 그러는 것이지 관세음보살 지장보살 따로따로 뿔뿔이 있지 않습니다. 뿔뿔이 있다고 생각할 때는 우리 부처님 가르침이 다신교라, 참다운 종교도 못되는 것입니다.

불자님들 분명히 바르게 느끼셔야 합니다. 똑같은 것인데 다만 공덕 따라서 그와 같이 이름이 다르니까 어떻게 부르나 본래 하나다. 그렇게 생각하면 똑같아지는 것입니다. 그와 같이 바른 가치관, 바른 불타관을 가지고서 계행을 청정히 할 것이고, 그 다음 문제는 바른 가치관을 가지고 계행이 청정하다 하더라도 우리 공부가 지속적으로 계속이 안 될 때에는 우리가 과거 전생에 잘못 붙인 습관성, 금생에 나와서 잘못 붙인 그런 나쁜 습관, 이런 것이 순식간에 녹아 날 수가 없습니다.

그렇기 때문에 지속적으로 생각 생각에 걸음걸음 소리 소리에 공부를 하여야 차근차근 더 익어져서 공덕은 더 쌓이고 나쁜 습관은 추방되는 것입니다.

여러 불자님들, 바른 가치관 반야바라밀을 꼭 가지십시오. 반야바라밀을 가지실 때에는 우리 마음은 천지 우주를 우리 마음으로 합니다. 우리 마음은 바로 천지와 더불어서 절대로 둘이 아닙니다.

무엇 때문에 남을 미워하고 남을 싫어하고 하겠습니까. 물질이라 하는 것은 우리한테 필요한 필요조건은 되어도 충분조건은 못됩니다. 그걸로 해서는 우리 행복을 절대로 얻을 수가 없습니다. 우리는 서두에 말씀드린 대로 안심을 바랍니다. 안락을 바랍니다. 안락을 바라면 안락스런 마음을 갖기 위해서는 꼭 반야바라밀이 전제가 되어야 합니다.

그와 같이 반야바라밀! 어느 것도 나와 더불어서 둘이 아니고, 내 마음은 본래로 무량의 지혜 공덕을 다 원만히 갖추고 있다. 이렇게 느끼고서 계행 청정하시고, 거기에서 또 빠뜨리지 말 것이 지속적으로 공부를 하셔야 합니다. 염불도 화두도 주문도 모두가 지속적으로

공부하기 위한 그런 법문인 것입니다.

따라서 염불도 생각 생각에 화두도 생각 생각에 주문 도 생각 생각에 이렇게 하셔서 우리의 그런 나쁜 습관 이 다시는 우리한테 들어오지 못하게 하고, 기왕 들어 온 나쁜 습관은 그냥 다 온전히 나가 버려서 우리 꼭 금생에 성불하시기 바랍니다.

(2) 염불 수행자는 사람 가운데서 향기로운 꽃이다

나무아미타불은 바로 '우주의 생명의 빛'이란 뜻입니다. 아미타불은 다른 말로 하면 무량광불입니다. 한도 끝도 없는 광명의 생명이란 말입니다.

그래서 불경에는 "아미타불을 부르는 염불 수행자는 사람 가운데서 향기로운 꽃이다[念佛修行者 是人中芬陀利華], 가장 위대한 사람이다"라고 했습니다.

관세음보살이나 또는 다른 부처님 이름이나 다 똑같지만, 특히 아미타불은 광명의 상징인 생명이란 말입니다.

염불수행자는 그런 향기로운 존재이기 때문에 관세음보살이나 대세지보살이 위기승우[觀音勢至 爲其勝友]라, 그 위대한 보살들이 아주 훌륭한 도반으로 압니다. 벗이 된단 말입니다. 그것이 얼마나 존중스러운 일이 되겠습니까?

(3) 가장 절실한 이름, 아미타불!

우주는 본래로 일원론이라 하나의 진리라는 말입니다. 그것은 하나의 진리에 그치는 것이 아니라, 바로 생명 자체이기 때문에 부처입니다.

그런 부처님을 우리가 뭐라 이름을 불러야 되겠는데, 가장 절실한 이름이 이른바 관세음보살이나 나무아미타불·지장보살·약사여래, 모두가 다 그런 부처님입니다.

그러나 총 대명사는 바로 '아미타불'입니다. 그래서 경전에서도 '나무 본사아미타불'이라고 읽습니다. 신라시대 원효스님도 마을에 다닐 때에, 표주박을 때리면서 "나무 아미타불 나무 아미타불…" 그렇게 많이 불렀습니다.

고려 초기에 대각국사 의천대사도 그렇게 했고, 또 보조국사도 염불 주문을 보면 그렇게 했고, 나옹대사·태고대사 다 그렇지요. 그런 분들은 될 수록 복잡한 것을 다 합해서, 하나의 진리로 마음을 향하게 했습니다. 그래서 우리 불자님들도 '아미타불'로 하십니다.

거기다가 나무南無는 아미타불에 '귀의한다', 우리 모든 생명이라든가 역량 모두를 아미타불로 '귀의한다'는 뜻입니다. 내가 본래 '아미타불'인 것이고, 또 '아미타불'이 되어야 하는 것이니까, 그쪽에다 자기의 온 정력과 정성을 다 바쳐야 되겠지요.

중요한 문제는 '아미타불'에 대한 관념입니다. 무엇을 어떻게 생각하면서 '아미타불'을 부를 것인가? 그냥 이름만 부르면, 우리 마음이라는 것이 여태까지 익히고 배우고 습관성을 붙여 놔서, 자꾸만 잡스러운 생각이 많이 납니다.

그렇기에 우리 마음의 소재를 '어디에 둘 것인가?' 그것이 중요한데, 아미타불은 사람 같은 모양이 아니지 않습니까? 그러나 소박한 단계에서는 부처님 상호를 관찰해도 무방합니다. 왜냐하면 부처님 모양, 상호는 만덕을 갖춘 삼십이상 팔십수형호라, 부처님 얼굴은 조금도 흠절이 없습니다. 지혜로 보나 덕으로 보나 또는 능력으로 보나, 만능의 상징으로 부처님의 상호가 나왔습니다.

불경에 보면, 부처님께서 삼아승지 겁이라는 무수한 세월동안 몇천 번도 넘게 자기 몸을 일반 중생한테 희생하고 순교했습니다. 한 겁도 무량 세월인데, 백 겁 동안 삼십이상 팔십수형호라는 그런 근본 상호를 이루기 위해 모든 복을 지었습니다. 그렇게 해서 부처님의 원만한 상호가 나왔기 때문에, 우리가 부처님 상호를 보면서 '나도 그렇게 닮아야 하겠구나' 하고 염불하는 것도 좋습니다.

그러나 그런 것은 아직 상을 덜 떠난 염불인 것이고, 부처님의 참다운 법신은 우주 어디에나 언제나 무엇이나 충만해 있는 하나의 생명의 광명입니다. 그것이 이른바 '무량광명' 아닙니까? 아미타불 별명 가운데 '무량광불'도 있습니다. 아미타불은 바로 낳지 않고, 죽지 않는 우주의 생명 자체, 영생의 생명이기 때문에, '무량수불無量壽佛'이라고도 합니다.

그런 부처님의 이름은 한도 끝도 없는 부처님의 공덕을 다 표현했습니다. 그렇게 우리가 부처님을 생각하면서 부르는 이름 가운데 모든 것이 다 포함되어 있기는 하지만, 이름과 더불어서 부처님 공덕을 일일이 다 열거할 수는 없습니다.

아까 말씀드린 바와 같이, 우선 한도 끝도 없이 잘 생긴 얼굴을 관상하면서 '나도 닮아야 되겠구나' 하고 염불을 하는 것이 좋습니다. 그리고 나도 만덕을 다 갖추기 위해서는 모든 중생을 위해서 시시때때로 자기라는 관념을 줄이고 정말로 공평무사한 행동을 해야 할 것입니다.

서산대사 극락왕생 발원문

弟子 兼判禪敎事 都大禪師(제자 겸판선교사 도대선사) 某(서산)는 극락교주 아미타불의 尊容존용을 모신 족자를 삼가 그리옵고, 향을 사르고 頂禮정례하오며 대서원을 발하옵니다.
"원하옵건데 저는 임종할 때에 죄업의 장애를 없애고 서방 大慈尊대자존(아미타불)의 금색 광명 속으로 나아가서 수기를 받자옵고, 미래세상이 다할 때까지 중생을 건지겠나이다. 허공이 다하는 일이 있더라도 이 서원은 다하지 않을 것이오니, 시방세계의 모든 부처님은 증명을 하여 주옵소서."
－淸虛集청허집 券권4

(4) 아미타불Amita Buddha이란?

다음은 아미타불 편을 보시겠습니다. 아미타불Amita Buddha은 무량수(無量壽 : Amita yus), 영생의 생명 즉, 부처님의 목숨은 한량이 없다는 뜻입니다. 부처님 생명이 어느 한 때만 있는 것이 아니라 과거나 현재, 미래, 영원히 존재한다고 해서 아미타 부처님을 무량수불이라고 합니다. 그리고 부처님의 지혜광명이 우주에 끝도 갓도 없이 충만하다고 해서 무량광無量光이라고도 합니다.

그리고 부처님은 행복이나 모든 좋은 것을 원만하게 갖추고 있다고 해서 감로왕이라, 제일 맛있는 것이 감로甘露 아닙니까? 모든 행복을 완벽하게 갖추고 있다는 뜻입니다. 또 아미타불은 법신·보신·화신 삼신일불三神一佛이라, 삼신을 다 갖추고 있습니다. 아阿는 화신을 의미하고, 미彌는 보신을 의미하며, 타陀는 법신을 의미합니다.

그래서 아미타불은 이렇게 무량공덕을 갖춘 부처님의 생생한 명체불名體佛이라, 이름과 체가 둘이 아닌 그런 이름입니다. 그렇기 때문에 명호부사의名號不思議라, 우리 사람의 이름은 자기 부모나 작명가가 짓지만 부처님의 명호名號는 그 명호 자체에 진리가 다 깃들어 있습니다. 쉬운 말로 하면 진리가 다 묻어 있는 것입니다. 그렇기 때문에 한 번 외우면 외운만치 공덕이 묻어나오고 우리 마음이 밝아지는 것입니다.

그래서 아미타불을 또 십이광불十二光佛이라, 어느 하나로 표현할 수 없단 말입니다. 부처님 이름이 이렇게 많은 이유를 아셔야 합니다. 광명으로 보나 생명으로 보나 행복으로 보나 어느 하나의 개념으로 해서는 다 표현할 수가 없기 때문에 이름이 많은 것입니다. 그래서 십이광불十二光佛은 무량광불無量光佛이라, 그 광명이 헤아릴 수 없고 무변광불無邊光佛이라, 부처님의 광명은 거리낌이 없지만 태양 광선은 가림이 있지요. 벽 같은 것은 못 뚫고 가지 않습니까. 그러나 부처님 광명은 벽이고 땅 속이고 다 뚫고 나갑니다.

무애광불無碍光佛은 거리낌이 없는 광명이요, 또는 무대광불無對光佛이라, 상대가 없다는 말입니다. 또 염왕광불焰王光佛, 항시 빛나 있는 광명 부처님이요, 청정광불淸淨光佛이라, 조금도 오염이 없는 부처님이요, 환희광불歡喜光佛이라, 항시 행복이 충만한 부처님이요, 지혜광불智慧光佛이라, 지혜가 빛나는 부처님이요, 부단광불

不斷光佛이라, 광명이 끊임 없는 부처님이요, 난사광불難思光佛이라, 부사의해서 우리 중생이 헤아릴 수 없는 부처님이요, 또 무칭광불無稱光佛이요, 어떻게 말로 감히 칭할 수 없는 부처님이요, 초일월광불超日月光佛이라, 해나 달이나 별보다 훨씬 더 밝은 부처님이란 말입니다.

이렇게 부처님의 방편력은 참 교묘하기도 합니다. 이렇게까지 우리한테 고구정녕으로 말씀했건마는 우리 중생들은 눈에 보이지 않으니까 일축해 버리고 맙니다. "지아유월치자至阿惟越致者 행제난행行諸難行 구내가득久乃可得", 다시 후퇴가 없는 자리입니다. 법성을 증명해야 후퇴가 없겠지요. 이 아유월치에 이른 사람들은 난행문難行門과 쉬운 문易行門이 있다는 말입니다.

우리 공부하는 사람 중에는 자기 힘만 믿고 어렵게 나가는 사람도 있습니다. 이것도 물론 필요하겠지만 부처님한테는 본원本願이라, 근본 부처님께 깃들어 있는 만 중생을 성불케 하는 원願이란 말입니다. 우리는 그 본원이라는 말씀을 믿어야 합니다.

아유월치阿惟越致, 이것은 공부해서 얻은 불퇴지라, 지아유월치至阿惟越致 우주에는 인력引力이 있지 않습니까. 그 인력도 역시 부처님한테 들어있는 공덕인 것입니다.

인력 그것은 모든 중생을 근본으로 이끄는 힘인 것입니다. 그냥 보통 물리학적인 의미로 그치는 것이 아니라 우리가 생명으로 생각할 때는 모든 중생을 중심으로 이끄는 부처님의 원력인 것입니다. 이른바 우주의 목적입니다.

따라서 부처님을 간절히 생각하고 흠모하며 부처님 이름을 외운다고 생각할 때는 우주에 본래 있는 인력에 우리가 편승하는 것입니다. 따라서 우리가 자기만 믿고 고생스럽게 가는 것보다는 그 힘을 동경하고 따른다면 우리는 그 힘에 편승이 됩니다. 그러기 때문에 공부도 빨라지고 불안한 마음도 해소되는 것입니다.

인능염시불 무량력공덕 즉시입필정(人能念時佛 無量力功德 卽時入必定)이라, 우리가 능히 부처님의 무량 공덕, 무량의 힘을 분명히 믿을 때는 그 즉시에 삼매에 들어가게 된다는 것입니다. 이것도 역시 용수보살이 지은 『십주비파사론』에 있는 법문입니다

그 다음에 부처님에 대한 일념신해공덕一念信解功德은 부처님에 대한 한 생각, 바로 믿는 공덕은 오바라밀五波羅密, 즉 보시를 하고 계행을 지키고 인욕을 하고 선정을 하는 등등의 오바라밀보다도 훨씬 수승하다. 약유

중생 개불수명장원(若有衆生　開佛壽命長遠), 만약 중생이 부처님은 수명장원이라 부처님의 생명이 금생에만 있는 것이 아니라 영생불멸의 존재다.

여시내지 능생일념(如是乃至　能生一念) 신해소득 공덕무유한량(信解所得　功德無有限量), 이렇게 능히 한 생각을 낸다고 생각할 때는 그렇게 믿는 공덕이 한량이 없어서, 약유선남자선여인 위아뇩다라삼먁삼보리(若有善男子善女人 爲阿耨多羅三藐三菩提), 만약 선남자 선여인, 즉 불교를 믿는 사람들이 아뇩다라삼먁삼보리, 무상대도, 위없는 대도를 위해서, 고어팔십만억 나유타겁행오바라밀(故於 八十萬億　那由陀劫　行五波羅密), 팔십 억겁 동안 즉 오랜 세월 동안 오바라밀을 닦는다고 할 때, '단바라밀檀波羅 密 사라바라밀巳羅波羅密…' 그 공덕도 많겠지만 부처님의 영생불멸 하는 이 공덕을 비교해 본다면 상대도 안 된다는 그런 뜻입니다.

이것은 법화경 '분별 공덕품'에 있습니다. 제가 한 말씀 더 드립니다. 부처님의 무량공덕을 온전히 믿는 그 힘이 우리가 육바라밀 가운데서 보시도 하고 계행도 지키고 인욕도 참선도 하는 이런 등등의 공덕, 다만 반야바라밀을 떠나서 오바라밀을 지키는 공덕을 수억 년을 한다 하더라도 그런 공덕은 부처님의 무량공덕을 한 생각 분명하게 믿는 그 공덕에 미치지 못한다는 법문입니다.

부처님이 과장을 했다고 생각하지 마십시오. 우리 마음이 바로 부처니까 마음으로 바로 믿어버리면 순식간에 우리 공덕도 그렇게 갖추어진다는 그런 뜻이 포함되어 있는 것입니다. 대일여래(大日如來 : Mahavairocana)라, 대일여래는 인도말로 비로자나불인데, 무슨 뜻인가 하면 광명변조光明邊照라, 우주에 두루해 있는 광명의 생명이란 뜻입니다. 그렇게 광명이란 말이 많이 들어 있습니다.

(5) 십념왕생十念往生이라는 말이 있습니다

우리가 살아 있을 때 수많은 업장을 지었다고 해도 죽을 때 간절한 마음으로 '나무아미타불'을 열 번만 부르면 극락세계에 태어난다는 뜻입니다. 우리 마음은 본래 부처이고 불성佛性입니다. 그렇기 때문에 정말 진실한 마음으로 간절히 부처님 명호를 외면 그 순간에 우리 마음은 비약飛躍합니다. 마음은 분명 모양도 없고 이름도 없지만, 눈에 보이지 않는다고 해서 마음이 없다고 생각하는 사람은 없습니다.

부처님 역시 마찬가지입니다. 석가모니부처님은 사람들 눈에 보이라고 모양을 나투신 것이지, 참다운 부처님은 법신불, 이른바 불성佛性인데 그 부처님은 모양도 없고 이름도 없습니다. 우리 마음은 부처와 똑같은 것입니다. 어느 누구의 마음이든지 우주에 충만해 있고, 동시에 그것이 바로 불성이기 때문에 수많은 공덕을 갖추고 있습니다.

마음만 먹으면 못할 일이 없다는 것은 누구나 다 아는 이야기입니다. 그러나 눈에 보이는 재물이나 명예나 지위를 얻는 것에 집착해서 마음을 잘못쓰면 그때는 정

[나선 존자] "대왕이여! 극히 작은 돌맹이는 강물에 뜰까요?"
[미란 왕] "뜨지 않겠지요."
[나선 존자] "그러면 100근의 큰 무거운 돌이라도 배에 실으면 물에 뜰까요?"
[미란 왕] "물론 뜨지요."
[나선 존자] "대왕이여! 일념의 신심도 그와 같이 아무리 죄업 많은 중생이라도 부처님께 지성으로 귀의한다면 그 신심공덕으로 죄업은 소멸되고 극락국토에 태어나게 되는 것입니다."
- 나선비구경(미란다왕문경)

작 우리가 정말로 가야할 고향길을 더디 가게 되고, 업만 짓는 일에 생명을 낭비하는 것입니다. 금생에서도 먹고 살아야 하니 재물도 있어야 하고 명예도 추구하게 되지만, 그렇다 할지라도 기본적인 마음자세는 항시 부처님 가르침대로, 성자聖者의 가르침대로 따라야 합니다.

그렇게 하다가 결정적인 단계에 이르러서는 모두가 다 부처님 가르침만 따르는 쪽으로 방향을 돌려야 합니다. 참 생명으로 가는 길을 전적으로 따라야 합니다.

그래서 최상의 개념인 나무아미타불을 항상 외어야 합니다. 운전할 때도 밥을 먹을 때도 화장실을 갈 때도, 어느 때나 중단되지 않도록 해야 합니다.

그래야 염불소리에 이끌려서 온 신장神將들이 한시도 나를 떠나지 않고 지킵니다. 어느 순간에 사고를 당할지 모르는 것이 세상인데, 항상 속으로 염불을 하고 있으면 그 염불소리 때문에 액운을 피할 수 있습니다. 우리가 금생에 염불을 많이 하고 극락세계에 갈 때는 아미타불과 그 보살들이 우리를 마중 나옵니다.

따라서 부처님 명호를 외는 생활이라는 것은 자식에게나 부모에게나 일가친척에게나 친구에게나 어느 누구한테나 가장 좋은 선물이 됩니다. 아미타불은 나한테만 있는 것이 아니라 내 주인공인 동시에 너의 주인공이 되는 것이고, 또는 우주의 주인공이고, 우리가 돌아가

야 할 우리 극락세계의 주인공입니다. 나무아미타불을
정말로 빠짐없이 또는 끊임없이 하시기 바랍니다.

최상의 개념인 나무아미타불을 항상 외어야 합니다.
운전할 때도 밥을 먹을 때도 화장실을 갈 때도,
어느 때나 중단되지 않도록 해야 합니다.
그래야 염불소리에 이끌려서 온 신장神將들이
한시도 나를 떠나지 않고 지킵니다.
항상 속으로 염불을 하고 있으면
그 염불소리 때문에 액운을 피할 수 있습니다.
우리가 금생에 염불을 많이 하고 극락에 갈 때는
아미타불과 그 보살들이 우리를 마중 나옵니다.
-청화 큰스님

(6) 얼마만큼 부처님을 그리워해야 합니까?

큰스님, 얼마만큼 부처님을 그리워해야 합니까?
"옆에 있는 사람들로부터 저 사람 미쳤다는 소리를 들을 정도가 되어야 합니다."

염불을 권하시는 이유를 말씀해 주십시오.
"염불은 제일 하기 쉬우면서도 공덕 또한 많습니다. 그리고 무엇보다도 더 빨리 초승超乘할 수가 있습니다."
"깨달음을 얻기 위하여 염불한다네.
깨달음을 얻은 후에는 중생들을 위하여 염불한다네"

큰스님께서는 외로운 토굴 수행이 마땅하신가요?
"공부하다 보면 감사한 마음이 끝이 없어서 계속하여 눈물이 납니다.
수건 두 개를 걸어놓고 공부하고 있습니다."

토굴 생활이 적적하실 때가 있으신지요?
"바람이 있고 달이 있습니다. 하늘에서는 신묘한 음악이 흐르고 있습니다.
그 이상의 행복이 어디 있겠습니까?"

(7) 여러 경론에 있는 염불법문

나옹懶翁慧勤 스님 어록에

"**자성미타하재처自性彌陀何在處요**, 우리 자성의 미타가 어느 곳에 계시는고?
시시염념불수망時時念念不須忘이니, 시시때때로 잊지 말고서 간절히 생각할지니,
일조홀득정진락一朝忽得情塵落이면, 하루 아침에 문득 번뇌망상이 다 떨어지며는,
도용횡염상불리倒用橫拈常不離라, 거꾸로 쓰나 또는 누워잡으나 떠나지 않는다."는 말입니다.

번뇌 망상이 미처 안 떨어진 때는 그냥 애쓰고 화두를 들려하고 염불하려 하겠지만, 한번 망념만 떨어져 버리면 거꾸로 쓰나 옆으로 누웠으나 언제 어느 경우에나 조금도 자성경계 본래면목 자리가 떠나지 않는 것입니다.

그 다음은 태고보우太古普愚 선사 게송입니다.

"아미타불의 청정미묘한 법신이 두루 일체중생의 마음 자리에 본래 갖추어 있기 때문에 심불중생心佛衆生이 시삼무차별是三無差別이라, 마음이나 부처나 중생이나 세 가지가 차별이 본래 없는 것이다.

따라서 마음이 곧 부처요 부처가 바로 마음이라.

마음 밖에 부처가 없고 부처 밖에 마음이 없도다.

이와 같이 진실한 염불을 할 때는 밤낮으로 행주좌와에 아미타불의 명호를 심두心頭나 안전眼前에 붙여 두어라."

맨 처음에는 관상적으로나 실상염불을 하기가 쉽지 않은 셈 아닙니까?

역시 이름을 부르기가 쉽고 또 우리가 가장 공경하고 그리워하는 이름이니까 계속 불러도 별로 싫증이 안 나겠지요.

아미타불의 명호를 우리 마음에나 눈앞에 여의지 않고 딱 붙이는 것입니다.

그래서 "심안불명心眼佛名 타성일편打成一片이라." 우리 마음으로 생각하고 눈으로 실지로 광명 무량한 세계를 볼려고 계속 공부해 나갈 때 마음이나 눈이나 부처의 명호가 하나가 되어버리는 것입니다.

처음에는 따로따로 생각할 수가 있는 것이지만 공부가 익어지면 이것이고 저것이고 하나가 되어버리는 것입니다. 모두를 하나로 통일시키는 것을 타성일편打成一片 이라고 합니다. 어떤 공부를 하든지 타성일편이 되어서 우주가 하나로 되어버려야 합니다.

그래서 "마음에 그 자리를 애써 놓지 않고 상속적으로 생각 생각에 조금도 어두워지지 않게 오래오래 공을 이루면 문득 찰나간에 우리 범부심이 끊어진다. 그래서 아미타불 진체眞體인 우주에 편만한 진여불성이 활연히 앞에 나투나니, 이것이 바로 불생불멸한 생명의 실상인 부처님임을 믿을지니라." 이런 뜻입니다.

(8) 부처님 상호를 관찰하는 것은

아직 상相을 두어서 철학적인 염불은 못되고, 하나의 방편염불입니다. 그렇게 우리 마음이 모아져서 하나로 통일되면, 그때는 깊은 염불삼매라, 오직 부처님만 생각하고 다른 것은 거기에 낄 수가 없게 됩니다. 우리가 소박하니 다른 것은 생각하지 않고, 부처님 이름만 외다가 우리 마음이 오직 하나로 통일되는 게 염불삼매입니다. 그러나 우리 마음으로 부처님의 원만 덕상을 상상하면서 염불삼매에 들어도 좋습니다.

여러 가지 교학도 많이 배우시고, "조금 철학적으로 정말로 우주의 실상에 맞게끔 염불해야 되겠구나." 그런 분들은, 실상염불·법신염불·진여염불을 하면서, '우주의 끝도 갓(邊)도 없이 만덕을 갖춘 진리가 어디에나 충만해 있구나, 다만 우리 중생이 어두워서 미처 보지 못하는 것이구나' 생각하면서 하면, 이것이 이른바 가장 고도의 철학적인 염불이 됩니다.

삼매에 들어야 우리 범부심을 녹이고서 성자가 됩니다. 삼매에 들기 전에도 염불을 오래 하면 그냥 보통 재미가 아닙니다. 돈 주고서 하는 것도 아니며, 그렇게 애쓰고 하는 것도 아닙니다. 참 간단합니다. 우리가 안 하려고 해도 우러나오는 염불이 얼마나 행복스러운지 모릅니다. 머리도 맑아지고 가슴도 시원하고 말입니다. 마음이 맑아지면 동시에 피도 맑아집니다. 그렇기 때문에 건강으로 보나 무엇으로 보나 최적의 법입니다.

마침내 그 부처님의 광명, 빛나는 부처님이 앞에 훤히 보이게 됩니다. 미신도 아니고 맹신도 아닙니다. 부처님은 우주의 진리이고 그 자리는 만물의 자리이기 때문에, 우리 중생이 부처님 같은 그런 광명이 빛나는 모습을 보고자 하는 마음이 있을 때에는, 우리 마음이 청정해짐에 따라서 꼭 앞에 나옵니다.

그것 보고 불교 말로는 '부처 불佛'자 '설 립立'자, 부처가 앞에서 보이는 불립삼매佛立三昧라고 합니다. 그러면 모든 의심이 다 풀리고 마음에 막힘이 없게 됩니다.

중생염불불환억衆生念佛佛還憶이라, 원래 우리가 부처거니, 우리가 부처를 부르면 부처도 역시 우리를 굽어본단 말입니다. 따라서 부처님의 가피가 분명히 있습니다.

거기다가 염념상속念念相續이라, 생각생각에 끊임없이 염불을 한다고 생각할 때는 염불삼매에 들고, 염불삼매까지는 미처 못 간다고 하더라도, 우리 마음은 부처님이라 염불을 안 해도 저절로 염불이 나오게 됩니다. 그렇게 느끼시길 바랍니다. 그렇게 느끼시면 정말로 매일매일 신묘한 멜로디를 들으면서 공부할 수가 있습니다. 그렇게 꼭 금생에 염불삼매에 들어서, 우리 본래의 고향 땅에 본래 들어가야 할 그 자리에 금생에 꼭 가셔야 하겠습니다.

(9) 마음을 하나로 모아 불성과 하나되는 길

우리는 참선이 염불보다 훨씬 높은 차원에 있다고 생각하는 그런 잘못된 고정관념을 버려야 합니다. 삼매는 참선과 거의 같은 뜻입니다. 우리 마음을 하나로 통일시켜서 우주의 본생명 진여불성과 하나되는 것이, 이른바 참선의 목적입니다. 삼매도 마찬가지입니다.

우리 마음이 삼매에 든다는 것은, 산란스런 마음을 쉬어서 우주의 본바탕과 하나가 되는 것입니다.

삼매 또는 참선 가운데서 가장 쉬운 방법이 무엇인가?

기왕이면 우리 불자님들 쉬운 방법으로 하시고 싶어하시겠지요? 가장 쉬운 방법이 염불삼매입니다.

해본 분들은 짐작하시겠지만, 우리 마음을 통일시키기가 얼마나 어렵습니까? 별별 생각이 다 나오지 않습니까? 그 생각을 하나로 모아 가기가 얼마나 어렵습니까? 그렇게 어려우니까 화두란 법도 나왔단 말입니다. 천재적인 분들이나 과거전생에 업장이 가벼운 분들은,

마조나 임제나 백장같이 그냥 바로 직지인심이 가능합

니다. 그냥 바로 내가 부처란 것을 느낍니다.

그러나 범상凡常한 사람들은, 잡다한 정보과다 시대에서 좀처럼 우리 마음을 통일시키기가 어렵습니다. 이른바 참선삼매에 들기가 어렵습니다. 이런 때 가장 쉬운 방법이 염불하는 것입니다.

우리가 화두 참선할 때도 병에 많이 걸립니다. 참선통이란 말입니다. 그와 같이 화두에 따르는 병은 있는데, 병을 다스리는 법은 별로 없습니다. 우리 불자님들 참선할 때 상기上氣가 되고 여러 가지 병이 많지 않습니까?

병 다스리는 것을 부처님 법으로 하면 참 쉽습니다. 이것저것 다 놔 두고서 염불하면 다 고쳐집니다. 머리가 상기되어서 곧 깨질 듯해도, 의심하는 마음을 놓고서 '천지 우주가 무량의 공덕을 갖춘 부처님으로 충만해 있다', 이렇게 생각하면서 나무아미타불 염불할 때면 다 풀립니다.

법희선열法喜禪悅이라, 우리가 부처님 공부할 때는 행복감이라든가 몸도 마음도 가볍고 그런 것을 느껴야 되겠지요. 법에 대한 기쁨도 없이 공부하기는 곤란스럽습니다.

(10) 염불이란

본래 부처인 우리가 본래 부처인 것을 잊어버리고 있다가 부처님 가르침佛法, 불법을 만나서 본래 부처인 줄 알고, 부처를 생각하고 부처님의 이름名號, 명호를 부르는 것입니다.

마음으로 부처님의 경계境界를 생각하면서, 입으로 부처님을 외우는 것이 하나가 되어 염불念佛하면, 우리가 한 번 부처님을 부를 때마다 그만큼의 우리 업장이 소멸되고, 걸음걸음 소리소리 생각 생각마다 염불함으로써 염불삼매에 들어가며, 그리하여 근본 번뇌의 뿌리를 녹이고, 마음을 깨닫게 된단 말입니다

우리가 공부하는 방법도 부처님 법문에 의지하면, 어려운 문과 쉬운 문이 있습니다. 난행문難行門과 이행문易行門, 제2의 석가라는 용수보살이 그런 문의 체계를 세웠습니다.

어려운 문은 우리가 경을 배우고 선방에 들어가서 참선을 하고 모든 힘을 다해서 받들어 가지고 한 단계씩 올라갑니다. 그러나 쉬운 문은, 경을 외우지 말라 또는

참선을 하지 말라는 것이 아니라, 그런 것도 소중하나 그러한 어려운 작업을 안 하더라도 가는 문입니다.

팔만대장경을 누가 다 볼 수가 있습니까? 또 좌선해서 삼매에 들어가기가 쉽지 않습니다. 저는 오십 년 이상 참선을 했지만 아직도 공부를 끝내지 못했습니다.

그러나 '쉬운 문'(易行門)은 별로 어렵지가 않으니, '자기 마음이나 모든 우주의 존재가 오직 하나의 생명이요 하나의 부처다.' 그렇게 믿고서 부처님 이름을 외우는 것입니다. 불교에서 가장 공부하기 쉬운 염불입니다.

이것이 '쉬운 문'인데 제2의 석가 용수보살이 그 체계를 세웠습니다. 여러분들은 지금 다 염불을 제대로 하시고 계시겠지요? 그것이 제일 쉽습니다.

내가 부처고 또는 우주 본래의 자리, 우주의 생명이 바로 부처이거늘, 부처의 이름을 외우는 것같이 더 쉽고 절실한 것이 어디에 있겠습니까?

우리 불자님들 마음에다 우주의 훤히 열린 그런 불을 밝히시길 바랍니다.

염불이라 할 때의 염念이란 사람 사람마다 마음에 나타나는 생각을 염이라 하고, 불佛은 사람 사람마다 갖추고 있는 깨달은 근본 성품을 말합니다.

염불 공부란 우리 눈앞에 좋다 궂다, 시비 분별하는 여러 생각이 우리 본각本覺의 참 성품을 각오覺悟하는 (깨닫는) 것이요, 이것이 곧 참다운 염불인 것입니다.

생각은 누구나가 가지고 있는 것이고 부처도 우리가 본래 가지고 있는 본각진성本覺眞性인데 생각 생각에 부처를 여의지 않고서 염念하는 것이 참다운 상근인上根人의 염불인 것입니다.

이러한 염불은 부처와 더불어서 둘이 아니고 부처를 떠나지 않는 것입니다. 부처와 둘이 아니기 때문에 부처를 떠날 수가 없겠지요.

그러나 우리 중생들은 업장 때문에 자꾸만 떠나버리니까 우리가 떠나지 않기 위해서, 내가 부처임을 재확인하기 위해서 염불을 하는 것입니다.

또는 미운 사람이나 고운 사람이나 다 부처란 것을 확인하기 위해서 염불하는 것입니다. 미운 사람도 부처요 좋아하는 사람도 부처라고 깨달으면, 미워도 미운 사람에 집착하지 않고 좋아도 좋아하는 사람에 걸리지 않는 것입니다.

(11) 염불삼매

현대사회에서 가장 중요한 과제가 무엇이냐 하면, 모든 존재의 근원에다 우리 마음을 두는 일입니다. 생명의 본체에다 마음을 두어야 합니다. 생명의 본체 이것이 불성이고 법신이고 또 진여불성이라, 부처님께서 마르고 닳도록 말씀하신 법신·진여·불성 또는 실상·실재, 또는 주인공, 이런 말씀이 모두가 다 하나의 도리입니다.

거기에 마음을 두어야 참다운 대승불교가 됩니다. 그 자리가 바로 열반이고 바로 극락입니다. 불생불멸한 진리를 바로 본다고 생각할 때는 이대로 사바세계가 극락세계입니다. 또는 우리 몸 이대로 나무아미타불입니다.

왜냐면 전체 우주의 생명과 내 생명이 분열되어 있지 않습니다. 우리 마음이 통일되어서, 깊은 삼매에 들어서 정작 진여불성과 하나가 된다고 생각할 때는 너와 내가 둘이 아니고, 천지와 내가 둘이 아니고, 우주가 하나의 생명으로 다 통일되어 버립니다. 여기까지 꼭 가야하는 것입니다. 그래야 생사윤회를 초월하는 것입니다.

마음을 하나로 통일시켜서 우주의 본 생명인 진여불성과 하나 되는 것이, 이른바 참선의 목적입니다. 삼매도 마찬가지입니다. 우리 마음이 삼매에 든다는 것은, 산란스런 마음을 쉬어서 우주의 본바탕과 하나가 되는 것입니다.

우리는 참선이 염불보다 훨씬 높은 차원에 있다고 생각하는 그런 잘못된 고정관념을 버려야 합니다. 삼매 또는 참선 가운데서 가장 쉬운 방법이 무엇인가?

가장 쉬운 방법이 염불삼매입니다. 해본 분들은 짐작하시겠지만, 우리 마음을 통일시키기가 얼마나 어렵습니까? 별별 생각이 다 나오지 않습니까? 그 생각을 하나로 모아 가기가 얼마나 어렵습니까? 그렇게 어려우니까 화두란 법도 나왔단 말입니다.

법희선열法喜禪悅이라, 우리가 부처님 공부할 때는 행복감이라든가 몸도 마음도 가볍고 그런 것을 느껴야 되겠지요. 법에 대한 기쁨도 없이 공부하기는 곤란스럽습니다. 극락세계의 이상향, 그 장엄한 세계, 우리 고향에다 마음을 두고 생각할 때, 우리 갈등은 바로 해소되는 것입니다.

아미타불은 영원한 무생청정보주명호라, 이름 자체에 일체 공덕이 갖춰져 있어서, 마음만 모아지면 참선병이라든가 세간의 병을 다 치유할 수 있는 것입니다.

저 같은 사람은 나이를 많이 먹어서 그때그때 곤란스러울 때가 많이 있었습니다. 무던히 많이 살았으니까, 생명이 혼수에 빠질 때도 있었습니다. 그런 때도 부처님에 대한 간절한 마음을 지속시키면, 자기도 모르는 가운데 다 풀려갑니다.

이 우주란 것이 그 부처님의 공덕으로 충만해 있어서, 정말로 마음이 부처님한테 모아지면, 차를 타면 차 엔진도 나무아미타불 나무아미타불 하고 있고, 바람 불면 바람소리도 나무아미타불 하고 있습니다. 시냇가에 가면 시냇물도 나무아미타불, 신묘한 소리를 하고 있습니다.

그래서 염불을 하다 말다, 하다 말다 하지 마십시오. 소리는 내도 좋고 안 낼 때는 안 내도 좋지만, 소리를 내는 것이 더욱 좋습니다.

나무아미타불 소리를 나쁜 귀신들은 제일 두려워합니다. 그러기 때문에 나쁜 것들이 우리한테 침범을 못합니다. 동시에 선신들은 법을 지키려고 해서, 우리가 염불하면 우리를 에워싸고 있습니다. 그러기 때문에 어떤 의미에서나 가장 소중한 공부방법이, 또는 우리 마음을 가장 쉽게 통일시키는 방법이 바로 염불입니다.

그렇게 하셔서 법희法喜라, 법에서 느끼는 행복, 또는 선열禪悅이라, 마음이 통일되면 통일된 데서 느끼는 행복이 굉장히 큰 것입니다. 어느 때나 극락세계는 꼭 가야하는 것이고, 우리가 깨달아 버리면 바로 이대로 이 자리에서 극락세계의 영원한 행복을 다 수용할 수 있습니다. 그러기 때문에 극락세계의 이미지를 놓치지 마시고, 나무아미타불 염불해서 다시없는 행복을 누리시기를 간절히 빌어마지 않습니다.

바람소리 물소리 엔진소리도 "나무아미타불" 하고 있습니다

이 우주란 것이 그 부처님의 공덕으로 충만해 있어서,
정말로 마음이 부처님한테 모아지면,
차를 타면 차 엔진도 나무아미타불 나무아미타불 하고 있고,
바람 불면 바람소리도 나무아미타불 하고 있습니다.
시냇가에 가면 시냇물도 나무아미타불, 신묘한 소리를 하고 있습니다.
그래서 염불을 하다 말다, 하다 말다 하지 마십시오.
소리는 내도 좋고 안 낼 때는 안 내도 좋지만,
소리를 내는 것이 더욱 좋습니다.
나무아미타불 소리를
나쁜 귀신들은 제일 두려워합니다.
그러기 때문에 나쁜 것들이
우리한테 침범을 못합니다.
동시에 선신들은 법을 지키려고 해서,
염불하면 우리를 에워싸고 있습니다.
그러기 때문에 어떤 의미에서나
가장 소중한 공부방법이,
우리 마음을 가장 쉽게 통일시키는
방법이 바로 염불입니다.
그렇게 하셔서 법희法喜라,
법에서 느끼는 행복,
또는 선열禪悅이라,
마음이 통일되면 통일된 데서
느끼는 행복이 굉장히 큰 것입니다.
- 청화 큰스님

(12) 방편염불方便念佛과 선禪

나무아미타불, 관세음보살, 지장보살을 왼다고 할지라도 역시 지장보살이나 아미타불을 밖에서 구하거나 복 받기 위해서 구하는 것은 방편염불입니다.

방편염불은 선이 못 되는 것입니다. 복을 받아도 그런 복은 제한된 복밖에 못 받습니다.

그러나 '부처와 내가 둘이 아니다. 부처란 많은 공덕을 갖추고 영원한 생명으로 모든 지혜를 갖추고 있다. 그런 부처와 내가 둘이 아니다'라고 생각하는 그런 마음은 위대합니다.

이렇게 해서 우리 마음을 부처님한테 머물게 하고 일진불사一塵不捨라, 먼지 하나 버릴 수가 없이 '다 부처구나'하고 느끼면, 우리 공부는 방편을 떠나 진실한 공부를 할 수 있습니다.

염불하는 법으로는 먼저 관상염불觀像念佛이 있습니다.

관상염불은 부처님의 원만스런 모습을 관찰하는 염불 방법입니다. 그런데 우리 마음이 얼마나 산란스럽고 분별심이 많습니까? 산란하고 분별심이 많아서 그냥 염불만 하면 마음이 통일이 안돼요. 그래서 부처님의 원만 덕상을 상상하거나 보면서 하는 염불이 관상염불이여요.

가령 관음상을 모시고 참배하면서 또 우러르면서 염불을 하면 훨씬 마음이 차분하고 공부가 더 잘 되지 않겠습니까? 그래서 불상은 우리의 마음을, 그 순수한 마음을 지속시키는 데 의의가 있는 것입니다. 그런데 그 불상을 상상하지 말고 소리만 내야 된다 하면 어찌 되겠습니까?

또 염불 중에는 실상염불實相念佛이 있습니다.

부처님의 진리 자체를 우리가 상상하는 것입니다. 부처님의 진리가 우리 눈에 보이지 않기 때문에, 실상염불은 우리 눈에 보이는 대상이 아닙니다. 보이진 않지만 이 우주는 부처님 생명이란 말입니다.

관무량수경에 훌륭한 말씀이 있습니다. "시방여래十方如來는 법계신法界身이라" 하는, 아주 고도한 진리를 담은 말씀입니다. 즉 모든 부처님은 우주를 몸으로 합니다. 이런 말씀은 방편을 떠나버린, 진리 그대로의 말씀입니다. 우주 자체가 부처님의 몸이란 뜻입니다. 이렇게 되어야 이것이 바로 대승불법이 됩니다. 우주 자체가 오직 하나의 생명이지요. 다시 말씀드리면 우주를 몸으로 한다고 생각할 때는, 산도 부처님, 물도 부처님, 곤충도 부처님, 다 부처님 아님이 없습니다.

중생과 부처의 차이가 어디에 있습니까? 중생은 자꾸만 나누어 봅니다. 어째서 그런 것인가? 중생은 겉에 있는 상相만 보고 집착합니다. 나라는 상, 너라는 상, 밉다는 상, 사랑한다는 상, 그런 상만 집착하는 것이 중생입니다.

마음을 바르게 하고 마음을 맑게 하고 깊게 해서 우리의 본래자리, 고향자리로 가게 하는 것이 부처님의 삼매법입니다. 부처님의 참선법입니다. 많은 법이 있지만, 법 가운데서 제일 하기 쉽기에 부처님께서 제일 많이 말씀한 것입니다. 이왕이수易往易修라 가기 쉽고 닦기 쉽고 행하기 쉽지요. 금생에 좋고 내생에 극락에 태어나는 것을 보장하는 고로.

따라서 보보성성步步聲聲 염념유재念念唯在 아미타불阿彌陀佛이라, 오직 아미타불을 놓치지 않는단 말입니다. 그렇게 외워서 염불삼매에 드셔야 합니다. 그리고 조석朝夕으로 될수록 시간을 많이 내셔야 합니다. 염불하다가 잠들면 꿈속에서도 염불하고 있단 말입니다.

삼매에 들어야 습기習氣가 녹아집니다. 습관성이 없어져요. 하다 안 하다 그러면 안한 것보다 낫지만, 큰 힘을 얻지 못합니다. 득력得力을 못합니다. 기왕 하려면 힘을 얻고 덕도 많이 봐서 부처가 되어야 하지 않겠습니까? 부처님께서 가장 많이 말씀하신 법입니다. 걸음걸음 소리소리 생각생각 오직 아미타불과 함께 있는 삶이 되시기를 간절히 바라마지 않습니다.

(13) 능엄경 말씀을 다시 한번 외겠습니다

약중생심若衆生心 억불염불憶佛念佛이라,
만약 중생의 마음에 부처님을 기억하여 잊지 않고
염불이나 부처님 이름을 외고 한다면,

현전당래現前當來 필정견불必定見佛이라,
현세나 내세에 반드시 부처를 뵙는다는 말입니다.

우리가 생각할 때 우리가 어떻게 부처를 뵈올 것인가.

부처님은 하나의 우주의 생명인 동시에 우주의 빛이란
말입니다. 어디에 고유하게 고정되어 계신 분이 아니란
말입니다. 공부를 부지런히 하면 틀림없이 부처님의 광
명을 훤히 볼 수가 있습니다.

우리가 염불하는 가운데도 염도염궁무념처念到念窮無念處
라, 부처님을 생각하고 생각하고 하다 보면 육문상방자
금광六門常放紫金光이라, 우주의 어디에나 계시는 부처님
의 광명이 훤히 보인단 말입니다.

우리 중생들이 미처 성자는 온전히 못 된다 하더라도

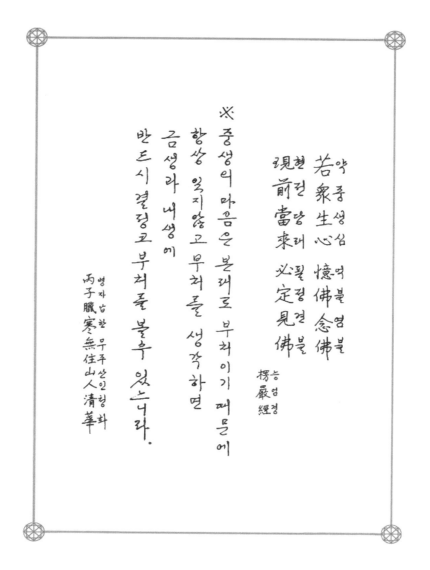

정말로 부처님 공부를 많이 한 분들은 그때그때 순간적으로 부처님의 광명을 다 보는 것입니다.

불경 가운데도 반주삼매경般舟三昧經이 있습니다. 반주

삼매경은 무슨 경인가 하면 부처님이 훤히 자기 앞에 나타나 계시는 경입니다. 우리말로 풀이하면 반주란 것은 인도 말인데 음역하면 '부처 불佛'자 '설 립立'자, 부처님이 훤히 나타나 서서 보인단 말입니다.

다만 부처님의 광명만 보일 뿐 아니라 부처님 자리란 만능의 자리이기 때문에 우리가 정말로 바란다면 신통자재神通自在한 자리이기 때문에 부처님의 모양으로 모두가 보일 수도 있고 부처님이 하나하나 천만 백만 수십 억의 부처님 모양으로도 보일 수가 있는 것입니다.

(14) 부처님 이름은 모두가 명호부사의名號不思議

무량 생명이 이름 자체에, 리듬 자체에 다 포함되어 있습니다. 나무아미타불南無阿彌陀佛은 그냥 아무렇게나 지은 이름이 아닙니다. 부처님 이름 자체에 무한의 공덕이 거기에 묻어 있는 것입니다.

우주는 범부 중생이 볼 수 없는 수승한 하나의 리듬, 하나의 음률音律인 영생의 음악입니다. 따라서 영생의 음률로 해서 이루어진 것이 부처님 이름입니다. 그러기 때문에 부처님 명호를 한 번 외우면 외운 만큼 우리 몸도 마음도 정화가 됩니다.

우리 몸과 마음이 정화될 뿐만 아니라 우리 주변에 있는 신장이나 귀신도 정화를 받는 것입니다. 반야바라밀의 지혜를 견지하고 동시에 그 지혜를 순간도 놓치지 마시고…

사업에 실패하고 며칠 동안의 굶주림도 다 황망한 것입니다. 그러나 이런 것은 우리 생명에 별 손해가 아닙니다. 어느 순간도 조금도 차이가 없이 버스를 타나 밥을 먹으나 어디서나 간에 영생불멸한 그 자리를 놓치면 그때는 손해입니다. 그 자리에 가까이 가면 갈수록 몸도 마음도 가볍습니다. 분명히 그런 것입니다.

저 같은 사람도 어릴 때는 굉장히 몸이 약했습니다. 그러나 중이 된 뒤 지금까지 한번도 아파보지를 못했습니다. 그건 뭐 잘나서도 아닌 것이고 본래 건강해서 그런 것도 아닙니다. 그래도 바보같이 부처님을 믿어 왔단 말입니다.

우리 불자님들 절대로 부처님 법 떠나서 다른 생각을 말으십시오. 이 시대만큼은 꼭 부처님 법을 따라야만 우리 민족도 삽니다. 세계 경쟁력도 부처님 법 따라야만 우리가 이깁니다. 참다운 기술도 말입니다. 영생해탈의 그 자리에다 마음을 두고서 연구한다고 생각할 때는 굉장히 무시무시한 발명을 다 할 수가 있는 것입니다.

그렇게 해서 소중한 우리 인연, 우리 불자님들 꼭 금생에, 우리는 달리 갈 수가 없습니다. 그러기에 백천만 겁난조우百千萬劫難遭遇 아니겠습니까.

어쩌다가 우리가 정말로 모처럼 천재일우千載一遇의 호기好機를 만난 것입니다. 이 귀중한 기회 이걸 놓치지 마시고 꼭 정말로 손해 없도록 그렇게 하는 것이 어떤

정법을 비방하고 십악을 행한 천제(闡提)라도
마음을 돌려 염불하면 죄가 모두 없어진다.
날카로운 검이 곧 아미타불의 명호이니
부처님 명호를 한 번 칭념(稱念)하면
죄가 모두 없어진다.
- 반주찬(般舟讚)

면으로나 좋습니다.

장사를 할 때도 역시 고객분들을 다 부처님같이 생각
해 보십시오. 그 자비스러운 말로 우리가 말을 한다고
생각할 때는 그냥 두세 번 오고 또 온단 말입니다. 어
떤 분야나 마찬가지입니다.

이렇게 하셔서 꼭 금생에 위없는 행복을 누리시기를
간절히 빌어 마지 않습니다

(15) 염불과 염불선

나무아미타불 염불을 해도 꼭 자기 식대로, 자기 의견대로 해야 한다는 사람들이 많이 있습니다. 그러나 염불이 고유하게 정해진 음정에 따라서만 해야 하는 것이 아닙니다. 소리를 내면서 해도 좋고 안 내고 속으로만 해도 좋고, 계행戒行을 지키면서 염불을 해도 좋고 계행을 지키지 못하면 또 지키지 못한대로 염불을 해도 좋습니다.

염불은 다 좋은 것입니다. 자나 깨나 앉으나 서나 소리를 내든 안 내든 염불하는 것은 어느 때나 좋습니다. 염불이라는 것은 '생각 염念'자에 '부처 불佛'자, 부처를 생각하고 또 생각하는 것입니다. 일정한 박자에 맞추지 않고 해도 문제가 없습니다. 염불을 하는 데 일정한 규칙이 있는 것도 아니고 어느 누구식으로 따라서 하는 것도 아니라는 뜻입니다.

극락세계에서는 꼭 어떤 식으로 하라는 법은 절대로 없습니다. 극락세계라는 곳은 모두가 다 광명정토光明淨土입니다. 지금 여기에 살고 있는 우리 사람같이 물질적 존재로 있는 것이 아니라 오직 광명세계란 말입니다. 우리 몸도 광명입니다.

극락세계의 중생은 무극허무지신無極虛無之身입니다. 물질이 아닌 광명으로만 된 무량無量의 몸이라는 말입니다. 몸이 물질로 이루어진 것이 아니기 때문에 극락세계의 중생은 개체인 동시에 바로 전체입니다. 자기 몸이 우주와 분리되어 따로따로 존재하는 것이 아니라 오직 하나의 몸이라는 뜻입니다.

극락세계의 중생뿐만 아니라 지금 여기에 살고 있는 우리 중생들도 똑바로 본다고 생각할 때는 개체인 동시에 전체입니다. 개체와 전체는 절대 따로따로 분리된 것이 아닙니다. 제법무아諸法無我라 모든 존재는 '나'라고 할 것이 없고 모든 것이 비어 있다는 것과 인연법因緣法을 알면 저절로 알 수 있는 이치입니다.

중중무진重重無盡입니다. 모두가 다 한 고리로 얽혀 있다는 말입니다. 우주 전체가 하나의 몸입니다. 그런데 우리 중생은 전체를 보지 못하니까 내가 따로 있고 너도 따로 있다고 생각을 합니다. 인연법이 그래서 중요합니다. 인연법만 잘 알아도 우리 모두가 다 본래 하나의 몸인 것을 알 수 있습니다.

따라서 우리가 바로 볼 수만 있다면 저절로 참다운 대

비大悲가 나옵니다. 참다운 자비가 나옵니다. 나와 남이 따로 있는 것이 아니라는 것을 알면 참다운 무주상행(無住相行: 상에 머물거나 집착하지 않는 용심과 행위)을 안 할 수가 없습니다. 나와 남이 둘이 아니기에 남에게 베풀면서 나라는 상相을 낼 수가 없는 것입니다.

여기에서 염불과 염불선의 차이가 나옵니다. 염불선은 근원적인 문제, 즉 본체를 여의지 않고 염불을 하는 것입니다.

(16) 화룡점정畫龍點睛이라는 고사성어가 있습니다

아미타불에 내재되어 있는 영원한 생명 자체를 가리킬 때는 무량수불無量壽佛이라 이르고, 아미타불 가운데 자비나 지혜나 공덕이 헤아릴 수 없을 만큼 충만하다는 것을 의미할 때는 무량광불無量光佛이라 합니다

용을 그려 놓고 마지막으로 용의 눈동자에 점을 찍는다는 뜻입니다. 중국의 한 화가가 실물과 똑같은 용의 그림을 그린 후 마지막으로 눈동자를 그려 넣자 갑작스레 번개와 천둥이 치면서 그 용이 승천해 버렸다는 이야기에서 비롯된 말로 가장 중요한 부분을 완성시킨다는 의미입니다.

불교에 있어서도 화룡점정에 해당하는 것이 있습니다. 바로 염불과 극락세계입니다. 물론 불교에는 우리 인생의 일체 만사를 다 해결할 수 있을 정도로 깊고 오묘한 여러 가지 훌륭한 가르침이 많습니다. 그러나 불교의 수많은 가르침 중에서 부처님을 간절히 생각하고 또 부처님의 이름을 외운다는 것과, 우리의 이상향인 극락세계에 태어난다는 개념이 없다고 생각할 때는 불교가 참다운 종교의 역할을 할 수가 없습니다.

염불이나 극락세계라는 소중한 개념이 없으면 불교는 종교가 아닌 하나의 철학이 되고 마는 것입니다. 이같이 극락세계라는 개념은 불교 가르침의 화룡점정이라 할 정도로 아주 중요한 부처님의 가르침입니다.

왜냐하면 나무아미타불은 세상의 모든 개념 가운데 가장 고귀한 개념이기 때문입니다. 불교에서는 이를 무생청정보주명호無生淸淨寶珠名號라고 한다. 생사를 초월한 보배구슬 같은 이름이란 말입니다. 세상에서 가장 깊고 가장 행복스럽고, 가장 위대한 이름, 이것이 부처님 이름 나무아미타불입니다. 최상의 공덕이 있습니다.

부처님의 이름은 삼세제불三世諸佛이 본래 의지할 곳입니다. 또한 세상에서 가장 강력하고 가장 무서우면서도 가장 자비롭고 가장 지혜로운 이름입니다. 그렇기 때문에 신장이나 귀신이나 천상의 천신들이나 모든 존재가 아미타불을 숭앙하고 받들고 지킵니다.

우리가 이론도 철학도 뜻도 모르고 나무아미타불을 한 번 외운다고 해도, 그 이름의 공덕으로 인해 모든 신장이 우리를 지키는 것입니다. 세상에서 가장 권위가 있고 두려운 이름이 또 부처님의 이름이기 때문에 부처님의 이름을 부르는 사람에게는 나쁜 것들이 얼씬도 못합니다.

동시에 선신善神들은 법을 지키려고 해서, 우리가 염불하면 우리를 에워싸고 있습니다. 그러기 때문에 어떤 의미에서나 가장 소중한 공부방법이, 또는 우리 마음을 가장 쉽게 통일시키는 방법이 염불입니다!

(17) 극락세계에 왕생한다는 것은

바른 깨달음을 얻어 위없는 진리에서 물러나지 않는, 불퇴전의 성자가 되는 것과 같은 의미를 갖는 것입니다. 따라서 온갖 번뇌를 소멸하고 정각을 얻는 것이 쉬운 일이 아니듯이, 극락세계에 왕생하는 것도 또한 경전의 말씀과 같이 '적은 선근과 적은 복덕'으로는 불가능한 것입니다.

극락세계에 왕생하기 위한 큰 선근善根과 거룩한 복덕 福德은 무엇인가? 그것은 바로 염불인 것입니다. 우리 본래 자성이 부처님이요, 아미타불이란 부처님의 명호 이름이기 때문에, 염불이란 곧 자성불自性佛을 생각하고 자성불로 돌아가는 법이자연法爾自然의 수행법인 것입니다.

또한 염불은 부처님의 본원에 들어맞는 수행법일 뿐 아니라, 삼세 모든 부처님들께서 한결같이 권장하고 기억하여 호념護念하시는 수행법이기 때문에, 다른 수행법에 비하여 불보살의 가피가 수승함은, 여러 경전이나 수많은 영험록을 통하여 충분히 알 수 있을 것입니다.

돌아오라
고향으로
극락정토

크도다! 염불을 법문으로 삼아,
대승과 소승을 모두 섭수하고
이근과 둔근을 나란히 포섭하며,
사事와 이理에 원융하고
성性과 상相에 걸림이 없다.
부처에 즉함이 그대로 마음이니
한 마음도 마음부처 아님이 없고
마음에 즉함이 그대로 부처이니
한 부처도 부처마음 아님이 없다.
마음을 전일하게 억념함에 불불이 모두
드러나고 부처님을 전일하게 칭념함에
마음마음 문득 드러나니, 마음 바깥에
부처가 없어 마음의 억념하는 바가 되고
또한 부처 밖에 마음이 없어 부처의
칭념하는 바가 된다.
- 능엄경 대세지보살염불원통장 소초

능엄경楞嚴經에서도 대세지보살께서 "나는 일찍이 수행할 때에 염불로써 무생법인에 들었느니라(我本因地 以念佛心 入無生忍)" 하셨고, 관무량수경觀無量壽經에는 "염불하는 이는 모든 사람 가운데 향기로운 연꽃이니라(若念佛者 當知此人 是人中芬陀利華)" 하셨습니다.

그래서 염불은 진여자성眞如自性을 여의지 않는 자성선自性禪이라고도 하고, 또한 모든 삼매의 왕이라 하여 보왕삼매寶王三昧라고도 하는 것입니다.

(18) 태안사泰安寺에 가면 옛 만일회萬日會 간판看板이

지금 태안사泰安寺에 가면 옛날 만일회萬日會 간판看板이 보관되어 있습니다. 천 날千日 공부하기도 어렵고, 천일 기도하기도 어려운 것인데 만일萬日을…(만일은 삼십년 세월입니다) 옛날의 큰 본찰에 가면 만일동안 기도를 모시는 그런 만일회가 있었습니다. 만일회는 만 날 아미타불阿彌陀佛 기도를 모시는 것입니다. 만일회는 삼십년 세월 동안 유지가 되는 결사인 것입니다.

삼십년 세월동안 그 재가불자·출가자 합해서 나무아미타불南無阿彌陀佛! 나무아미타불南無阿彌陀佛! 염불 수행을 했습니다. 나무아미타불은 우주의 이름인 동시에 바로 부처님, 하나님이 거기에 다 들어있습니다. 내 이름인 동시에 바로 우주의 이름입니다. 나무아미타불을 삼십 년 동안 하시고서 회향回向 때 도반 31명과 더불어서 공중으로 올라가 버렸습니다. 신라시대 건봉사 만일염불회 결사이야기입니다.

지금 여러분들뿐만 아니라 우리 젊은 승려들도 이런 말씀을 하면 그것은 옛날이야기 아닌가 의심을 합니다. 부처님 법은 부사의不思議한 것입니다. 그렇게 이론적理

論的으로 바싹바싹 마른 것이 아니란 말입니다. 바싹바싹 마른 지혜智慧보고는 간혜지乾慧智라, '마를 간乾'자 간혜지입니다.

부처님 법은 간혜지가 아닙니다. 닦을 때는 화두話頭를 참구參究해서 참선參禪을 하든 또는 염불念佛을 화두로 해서 참선을 하든 또는 가만히 명상瞑想을 하든 아무튼 우리 마음이 조금도 상相이 아닌 우주에 충만해 있는 부처님한테 우리 마음이 항상 가 있다고 생각할 때는 화두를 의심해도 좋고, 나무아미타불을 불러도 좋고, 관세음보살을 불러도 내내 그 자리입니다. 보살님들 이름이나 부처님 이름은 다 그 하나의 자리에서 나왔습니다.

진여불성 자리에서 보살님 이름이 나오고, 보살님 자비慈悲가 나오고 지혜智慧가 나오고 다 나왔습니다. 따라서 우리는 어떻게 부르든 간에 그 자리에다 마음을 두어야 합니다. 우리 근본 주체主體는 바로 불성입니다. 요즈음 주체성이 없다 하지만 우리 중생들 마음이 불성에 가 있지 않으면 어느 누구나가 제아무리 바른말 하고, 별소리를 한다 하더라도 주체성이 없는 것입니다.

나라도 주체가 없다. 이것도 역시 그 나라 자체가 참다운 진리, 본질적인 우주의 원리인 진여불성眞如佛性에다, 부처님에다, 하느님에다 기본을 두지 않고 있기 때문입니다. 우리 마음을 진여불성眞如佛性에 두어야 합니다. 부처님에다 우리 마음을 안 두는 것은 모두 다 허망·무상한 것입니다.

실다운 것이 아닙니다. 따라서 그렇게 부처님한테 마음을 두면 학문을 배우지 않았다 하더라도 우리 마음이 염불 한번 하면 한만큼 정화가 됩니다.

그렇게 되어서 드디어는 발징 화상의 도반 31명처럼 정말로 하늘로 올라가는 것입니다. 하늘로 올라가는 것이 중요한 것이 아니라 우리가 바른 깨달음을 얻어서 부처가 됩니다. 부처님 가르침 자체가 나와 남의 벽이 없습니다. 자연과 나와 벽이 없습니다. 따라서 나와 남의 벽을 허물고서 사심私心없이 우리가 무슨 수행修行을 할 때는 다 잘됩니다.

우리들이 하는 모임이 잘 안된다. 장애가 있다. 이러한 때는 나와 남의 벽을 두어서는 안 됩니다. 나와 남의 벽을 두고서는 잘될 수가 없습니다. 우리 사람의 조작하는 힘으로 해서는 잠시 잘될는지 모르지만 오래는 못 갑니다. 그러나 미타회 회원 스스로가 서로 어떠한 경우든지 양보하고, "우리가 다 부처인데 우리는 선구적先驅的으로 먼저 부처가 되어야 하겠다. 우리부터 부처님 행동을 바르게 해야 하겠다." 어떻게 바르게 할 것인가?

바른 가치관價値觀, 바른 철학哲學으로 해서 우리 미타회 회원도 모두가 다 하나의 생명이고, 일체중생이 모두가 다 하나의 생명이다. 이렇게 알고 정당한, 적당한 원심願心을 가지고, 또 어떠한 경우든지 진심瞋心을 내지 말고 이렇게 해야 참다운 진眞, 소위所謂 아미타불阿彌陀佛이라 하는 부처님의 총 대명사를 이름으로 하는 명실상부名實相符한 그러한 회會가 됩니다.

명호名號 부사의不思議입니다. 아미타불阿彌陀佛이 그렇게 소중합니다. 꼭 제 욕심 같으면 모든 보살, 부처님 명호가 다 소중하지만 그냥 아미타불, 하나로만 합해서 "아미타불"만 외웠으면 하겠습니다.

그러나 사람들 버릇이 그렇게 안 되어 있지 않습니까. 하나님이라고 해야 직성이 풀리는 분이 있는 것이고, 또 관음보살觀音菩薩을 했으면 또 "관음보살"만 해야 직성이 풀립니다. 그러나 하나님을 외우든, 관세음보살을 외우든 그런 자리는 원융무애圓融無碍하게 모두가 하나 다 이렇게 알아야 합니다. 관음觀音 따로 있고, 지장地 藏 따로 있고, 이렇게 생각하면 부처님의 도리하고는 거리가 멉니다.

미국 카멜 삼보사에서 휴식 중인 큰스님

(19) 우주는 본래로 일원론이라

우주는 하나의 진리라는 말입니다. 그것은 하나의 진리에 그치는 것이 아니라, 바로 생명 자체이기 때문에 부처입니다. 그런 부처님을 우리가 뭐라 이름을 불러야 되겠는데, 가장 절실한 이름이 이른바 관세음보살이나 나무아미타불·지장보살·약사여래, 모두가 다 그런 부처님입니다. 그러나 총 대명사는 바로 아미타불입니다. 그래서 경전(천수경)에서도 "나무 본사 아미타불"이라고 읽습니다.

신라 때 원효 스님도 마을에 다닐 때 표주박을 때리면서 "나무아미타불~ 나무아미타불~" 그렇게 많이 불렀습니다. 고려 초기에 대각국사 의천대사도 그렇게 했고 또 보조국사도 염불 주문을 보면 그렇게 했고, 나옹대사·태고대사 다 그렇지요. 그런 분들은 될수록 복잡한 것을 다 합해서 하나의 진리로 마음을 향하게 했습니다.

그래서 우리 불자님들도 아미타불로 하시고, 나무南無는 아미타불에 '귀의한다', 우리 모든 생명이라든가 역량 모두를 아미타불로 '귀의한다'는 뜻입니다. 내가 본래 아미타불인 것이고, 또 아미타불이 되어야 하는 것이니까, 그쪽에다 자기의 온 정력과 정성을 다 바쳐야 되겠지요.

중요한 문제는 아미타불에 대한 관념입니다. 어떻게 무엇을 생각하면서 아미타불을 부를 것인가? 그냥 이름만 부르면, 우리 마음이라는 것이 여태까지 익히고 배우고 습관성을 붙여 놔서, 자꾸만 잡스러운 생각이 많이 납니다. 그렇기에 우리 마음의 소재를 어디다가 둘 것인가? 그것이 중요한데 아미타불은 사람 같은 모양이 아니지 않습니까?

그러나 소박한 단계에서는 부처님 상호를 관찰해도 무방합니다. 왜냐하면 부처님 모양, 상호는 만덕을 갖춘 삼십이상 팔십수형호라, 부처님 얼굴은 조금도 흠절이 없습니다. 지혜로 보나 덕으로 보나 또는 능력으로 보나, 만능의 상징으로 부처님의 상호가 나왔습니다.

불경에 보면 부처님께서 삼아승지겁이라는 무수한 세월 동안 몇천 번도 넘게 자기 몸을 일반 중생한테 희생하고 순교했습니다. 한 겁도 무량 세월인데, 백 겁 동안 삼십이상 팔십수형호라는 그런 근본 상호를 이루기 위해 모든 복을 지었습니다. 그렇게 해서 부처님의 원만한 상호가 나왔기 때문에, 우리가 부처님 상호를 보면서 나도 그렇게 닮아야 하겠구나 하고 염불을 하는 것도 좋습니다.

그러나 그런 것은 아직 상을 덜 떠난 염불인 것이고, 부처님의 참다운 법신은 우주 어디에나 언제나 무엇에나 충만해 있는 생명의 광명입니다. 그것이 이른바 무량 광명 아닙니까? 아미타불 별명 가운데 무량광불도 있습니다.

아미타불은 바로 나지 않고 죽지 않는 우주의 생명 자체, 영생의 생명이기 때문에, 무량수불無量壽佛이라고도 합니다. 그런 부처님의 이름은 한도 끝도 없는 부처님의 공덕을 다 표현했습니다. 그렇게 우리가 부처님을 생각하면서 부르는 이름 가운데 모든 것이 다 포함되어 있기는 하지만, 이름과 더불어서 부처님 공덕을 다 일일이 열거할 수는 없습니다.

아까 말씀드린 바와 같이 우선 한도 끝도 없이 잘생긴 얼굴을 관상하면서 나도 닮아야 되겠구나, 하고 염불을 하는 것이 좋습니다. 그리고 나도 만덕을 다 갖추기 위해서는 모든 중생을 위해서 시시때때로 '자기'라는 관념을 줄이고 정말로 공평무사한 행동을 해야 할 것입니다.

언제 어디에나 한도 끝도 없이 빛나는 아미타불을 외우시면 좋습니다. 이것을 불교 용어로 말하면, 우주의 참다운 모습을 담아서 하는 염불이기 때문에 '실다운 실實'자 '모습 상相'자, 실상염불입니다. 또는 법신염불 法身念佛이나 진여염불眞如念佛이라고 하는데, 실상염불과 다 같은 뜻입니다. 그렇게 하면 철학적으로 염불을 하는 것이 됩니다. 우주의 도리 그대로 하는 것이기 때문입니다.

부처님의 도리는 우주를 하나로 봅니다. 우리 불자님들 잘 새기십시오. 기독교나 다른 종교는 다른 과학이나 모두를 하나로 안 봅니다. 현대는 물리학도 에너지라는 하나로 통일해서 나아가고 있습니다. 대상과 나와 둘이 아니라 천지우주天地宇宙는 하나인 것입니다. 하나의 생명生命으로 뭉쳐있는 것인데, 우리가 어리석어서 잘못 봅니다.

우리 마음에 어리석음이 없고, 탐욕심과 진심이 없으면 분명히 하나로 보여야 합니다. 성인聖人들은 하나로 보는 것입니다. 범부들은 그렇게 못 보기 때문에 다른 사람들을 무시합니다. 부처님 공부를 해 가면 해 갈수록 사람이 차근차근 모서리가 떨어집니다. 유연선심柔軟善心이라. 부드러워지고, 모서리가 떨어져 나갑니다.

사람들이 다 불쌍해지는 것입니다. 그렇게 되어서 앞서 말씀드린 바와 같이 우리 마음이 훤히 열려 가면 자기 몸이 아팠던 사람도 마음을 여는 그 순간, 우리 몸도 웬만한 것은 다 풀립니다. 과거 전생에 업장業障이 많아서 두텁게 깔려 있으면 쉽지가 않지만, 그렇더라도 우리 업장을 녹이는 일이 우리 몸이나 집안에 있는 액운厄運이나 그런 것을 풀어 가는데 더 가까운 길은 없습니다.

집안에 있는 액운도 역시 과거 전생의 우리들의 그런 업장이 뭉친 것입니다. 인과응보因果應報라, 다 우리가 지어서 받습니다. 어느 것도 인과응보에서 벗어나는 것은 없습니다. 어느 것도 부처님 법을 벗어나는 것은 없습니다. 어떠한 경우도 허물을 자기한테로 돌려야 합니다.

단체團體나 어느 지방地方이나, 우리 지방은 무던한데 괜스레 딴 사람들이 우리한테 불행을 주고 우리를 핍박하고 하지 않는가, 다 그렇지 않습니다. 우리나라는 유사이래有史以來 구백九百 번 이상 외침을 받고 있습니

南無

阿彌陀佛

우리나라는 유사이래 구백 번 이상 외침을 받고 있습니다.
임진왜란壬辰倭亂 때도 엄청난 핍박을 받았지만
얼마 못 가서 다시 병자호란丙子胡亂이 일어났습니다.
우리가 임진왜란 때 그와 같이 비참한 유린을 당하고서
각성을 했더라면 다시 병자호란 때 또 당했겠습니까?
우리는 그와 같이 자업자득自業自得, 다 그럴습니다.
이렇다고 생각하면 남을 원망怨望하시지 말고,
우선 나부터가 몸이 아파도 참회懺悔하고,
남들이 나한테 배신背信해도 참회하고,
가까운 사람이 이별離別해서 간다 하더라도 참회하고,
이렇게 해야 업장이 녹아집니다.
이렇게 하셔서 정말로 명실상부한 나무아미타불
한 번 외우면 외운 만큼 업장이 녹습니다.
- 청화 큰스님

다. 임진왜란壬辰倭亂 때도 엄청난 핍박을 받았지만 얼마 못 가서 다시 병자호란丙子胡亂이 일어났습니다.

우리가 임진왜란 때 그와 같이 비참한 유린을 당하고서 각성을 했더라면 다시 병자호란 때 또 당했겠습니까? 모두가 다 우리가 지어서 받습니다. 우리는 그와 같이 자업자득自業自得, 다 그렇습니다. 이렇다고 생각하면 남을 원망怨望하시지 말고, 우선 나부터가 몸이 아파도 참회懺悔하고, 남들이 나한테 배신背信해도 참회하고, 가까운 사람이 이별離別해서 간다 하더라도 참회하고, 이렇게 해야 업장이 녹아집니다.

이렇게 하셔서 정말로 명실상부한 나무아미타불南無阿彌陀佛 한 번 외우면 외운 만큼 업장이 녹습니다. 그냥 이름만 불러도 이름 자체에 있어서 어느 귀신이나, 어느 신장이나 나무아미타불을 가장 숭배합니다. 바로 우주의 이름이기 때문에 우주 에너지의 우주음宇宙音이기 때문에 '옴마니반메훔'이나 또는 진언眞言이나 또는 아미타불이나 관세음보살이나 그런 의미에서 우주의 음音입니다.

우주음宇宙音이기 때문에 우주의 순수 생명을 음으로 표현한 것이기 때문에 한번 외우면 외운 만큼 우리 업장도 녹아지고 또한 동시에 신장들도 다 굽어보는 것입니다. 정말로 부처님의 신비로운 힘을 믿으십시오. 부처님은 무한의 힘입니다. 지금 과학이 그런 무한의 힘을 차근차근 증명해 가고 있습니다.

그렇게 믿고서 자나 깨나, 앉으나 서나, 밥을 먹을 때나 나무아미타불! 나무아미타불! 나무아미타불! 그 나무아미타불을 끊어지지 않게 외우십시오. 금생에는 그렁저렁 아무것도 못 깨닫고 죽는다 하더라도 죽을 때는 금생 내내 나무아미타불, 나무아미타불 하신 분은 이 몸뚱이 버릴 때는 번연히 깨달아서 나무아미타불 몇 마디에 극락세계로 가시는 것입니다.

깨달은 사람들은 이 세상 사바세계娑婆世界가 바로 극락세계極樂世界이고, 또는 동시에 달세계가 따로 있고 별세계가 따로 있고 또는 태양세계가 따로 있듯이 성자들만 사시는 그런 광명세계光名世界가 또 따로 있습니다. 이것은 정거천淨居天이라. '맑을 정淨'자, '살 거居'자, 성자만 사는 천상天上이 따로 있습니다. 그런 세계에 분명히 태어납니다. 천상도 삼계三界 28천天 천상세계가 다 있습니다.

우리 영혼靈魂이 얼마만큼 정화淨化가 되었는가. 우리 마음이 얼마만큼 순화 되었는가. 거기에 따라서 업장이 무거우면 저 아래 천상에, 업장이 가벼우면 높은 천상에 태어납니다. 분명히 그러한 천상세계가 있습니다. 극락세계는 그냥 부처님께서 우리한테 좋은 일 하라고 방편으로 하신 법문이 아닌가. 지옥도 없는 것인데, 아! 눈을 씻고 봐도 지옥이 안 보이지 않는가? 그러나 지옥도 분명히 있습니다.

귀신세계도 분명히 있고 또 돼지나 소나 축생도 분명히 있듯이, 사람도 분명히 있듯이, 그렇지만 제법공諸法空 도리에서 보면 인간도 공空이고 나도 공이고 다 공이란 말입니다. 밝은 안목에서 보면 다 '에너지'의 파동波動 뿐인 것인지요. 에너지의 결합이 사람 같은 모양을 하고, 금 같은 모양을 한 것이지 본래로 사람이 있고 본래로 금이 있지 않단 말입니다.

아미타불阿彌陀佛이라는 것은 다시 말하면 무량광불無量光佛이라! 우주에 가득찬 광명의 부처란 뜻입니다. 무량수불無量壽佛이라! 생명生命이 멸하지 않는 영생해탈의 길, 과거나 현재나 미래나 영원히 죽지 않고 영원히 영생하는 부처란 뜻입니다.

청정광불清淨光佛이라! 조금도 오염이나 번뇌도 없는 그런 부처님입니다. 청정광불 무대광불無對光佛, 상대가 없이 우주에 끝도 갓도 없이 충만해 있습니다. 우주라는 것은 본래 끝도 갓도 없습니다. 끝도 갓도 없는 세계에 가득 차 있는 것이 부처님의 광명光明입니다. 우리 몸은 이대로 부처님 광명이 충만해 있습니다.

아미타阿彌陀부처님을 한번 부르면 부른 만큼 우리 몸

도 마음도 정화가 되는 것입니다. 이렇게 하셔서 꼭 금생에, 우리가 본래로 갖추고 있는, 누구한테 빌려와서 심어놓은 것도 아니나 본래 갖추고 있는 불성입니다. 우리 마음만 잘 먹으면 부처가 되어갑니다. 좋은 아버지 좋은 스승 좋은 회사의 사장이 됩니다. 어떠한 의미로 보나 진리를 떠나서는 참답게 못 되는 것입니다.

아미타불의 진여불성 안에서 꼭 무한의 행복을 누리시기를 간절히 바라면서 오늘 미타회彌陀會 법문法門을 마칩니다.

(20) 우리는 고향을 떠난 실향민입니다

이것을 우리는 분명히 알아야 합니다. 우주만유宇宙萬有의 본 성품을 스스로 체험 못한 사람들은 비록 제아무리 분별시비分別是非하는 학식이 많다고 할지라도 그것은 실향민의 범주範疇를 못 벗어나 있습니다. 불교는 그런 의미에서 참다운 본성을 찾는, 참다운 고향을 찾는 공부입니다. 참다운 고향을 찾는데 지금 나는 어디만큼이나 가 있는가. 이렇게 자기를 성찰省察해 보고 자기 반추反芻를 해봐야 합니다.

우리는 지금 광명光明의 바다, 광명의 고향故鄕으로 가고 있는 것입니다. 또 우리는 광명의 고향에서 떠나온 것입니다. 광명의 고향을 떠나서 얼마나 헤맸는지 모릅니다. 과거 전생前生에는 천상天上도 갔을 것이고 또는 사람도 되었을 것이고 더러는 축생畜生도 되었을 것이고 이렇게 되었다가 다행히 금생今生에 사람의 몸을 받고 있습니다.

어떻게 살아야 할 것인가. 또다시 우리는 광명의 바다, 광명의 고향으로 가야 합니다. 광명의 고향으로 가기 위해서 어떻게 해야 할 것인가?

이것이 다 아시는 바와 같이 염불念佛이고 참선參禪이고 주문呪文이고 합니다.

그러기 때문에 저는 항시 말씀드립니다마는 우리가 광명光明의 바다, 광명의 고향으로부터 와서, 다시 광명의 고향으로 간다. 이런 것만 알아버리면 다른 모든 존재도 이 자리에서 잠시간 이루어졌다가 다시 광명 자체가 되는 것임을 아시게 될 것입니다. 사람이 되었다고 해서 광명으로 이루어진 광명 자체가 이지러지거나(萎縮) 오염汚染되는 것은 절대로 아닙니다.

우리 인간이 탐욕심貪慾心이나 분노심忿怒心이나 어리석은 마음痴心에 가려서 미처 모르는 것이지, 설사 사람이 되어서 지금 강도强盜 짓을 한다고 하더라도 불성佛性, 부처님 성품 차원에서 보면 아무 흠도 훼손毁損도 없습니다. 순금으로 가락지를 만드나 안경테를 만드나 조금도 변질이 없듯이 진여불성眞如佛性자리, 부처님 성품자리는 이렇게 되나 저렇게 되나 변질變質이 없습니다.

우리 중생 차원에서 강도요 나쁜 놈이요 좋은 사람이요 하는 것이지, 부처님 불성에서 본다면 불성은 똑같이 온전히 그 사람한테 충만해 있습니다. 나쁜 사람한테도 진여불성 자리가 훤히 빛나 있고, 좋은 사람한테도 다른 동물이나 식물한테도 부처님의 불성광명佛性光明은 훤히 빛나 있습니다.

그러기 때문에 성자가 본다고 생각할 때는 이렇게 오염汚染된 세계, 이것도 역시 바로 광명정토光明淨土인 것입니다.

(21) 정토론淨土論 주註

譬如비여 淨摩尼珠정마니주 置之濁水치지탁수 水卽淸淨수즉
청정 若人약인 雖有無量수유무량 生死之罪濁생사지죄탁 聞
彼문피 阿彌陀如來아미타여래 至極無生지극무생 淸淨寶珠청
정보주 名號명호 投之濁心투지탁심 念念之中염념지중 罪滅
心淨죄멸심정 卽得往生즉득왕생
- 淨土論註정토론주 下하

* 불경에 보면 무생청정보주명호無生淸淨寶珠名號라, 무생
이란 것은 '없을 무無'자, '날 생生'자 말입니다. 불생불
멸不生不滅의 결국은 청정보주淸淨寶珠라. '보배 보寶'자,
'구슬 주珠'자, 생멸을 떠난 아주 그 평등무차별平等無差
別의 청정보배 같은 이름이란 말입니다. 그것이 이른바
아미타불阿彌陀佛 이름이라고 이렇게 돼 있어요. 그래서
그 아미타불로 통일하면 그와 같이 이름 자체가 아주
가장 보편적인 이름이기 때문에 우리한테 공부에도 보
다 더 편리할 것이라고 생각됩니다.
- 큰스님 법문 가운데

譬如 淨摩尼珠置之濁水
水即淸淨

若人雖有無量生死之罪濁
聞彼阿彌陀如來至極無生淸淨寶珠名號
投之濁心
念念之中罪滅心淨
即得往生

淨土論註 下

* 비유하건데 청정한 마니 보주를 탁한 물에 놓은 즉 물이 청정해지는 것 같이 만약에 사람이 비록 끝없는 생사 혼탁한 죄가 있더라도 저 아미타여래의 지극한 무생의 청정보주 명호를 듣고 혼탁한 마음에 던지면, 생각생각 가운데 죄업이 소멸하고 마음이 청정하여져 곧 극락왕생 한다.

- 정토론주淨土論註 하下

(22) 아미타불의 이름은 무생청정보주명호입니다

이름 자체에 일체 공덕이 갖추어져 있기 때문에 참선 병이나 세간의 병도 정말로 마음만 모아지면 다 치유할 수가 있는 것입니다. 화두참선을 할 때 병이 많이 걸립니다. 이것을 따로 참선병參禪病이라고 할 정도입니다. 화두를 말한 대혜종고 스님도 화두할 때 걸리는 열 가지 병을 언급하셨고, 거기에 보조지눌 스님이 네 가지를 보태서 화두할 때 생기는 병 열네 가지를 말씀한 법문이 있습니다.

이와 같이 참선할 때 상기上氣가 되는 등 화두에 따르는 병은 많이 있는데, 정작 그 병을 다스리는 법은 찾아보기 어렵습니다. 그런데 병을 다스리는 것도 부처님 법으로 하면 참 쉽습니다. 참선병을 고치는 부처님 법이 무엇인가 하면 바로 염불입니다. 이것저것 다 놔두고서 염불을 하면 고쳐집니다.

머리가 상기되어 깨질 듯 아파도 화두하는 마음, 즉 의심하는 마음을 내려놓고 '천지우주가 무량의 공덕을 갖춘 부처님으로 충만해있다'고 생각하면서 나무아미타불 염불을 하면 얼마 안 되어서 다 풀려갑니다. 아미

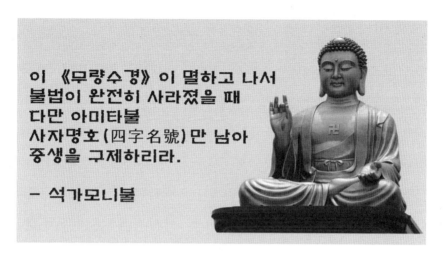

이 《무량수경》이 멸하고 나서
불법이 완전히 사라졌을 때
다만 아미타불
사자명호(四字名號)만 남아
중생을 구제하리라.

- 석가모니불

타불의 이름은 무생청정보주명호無生淸淨寶珠名號입니다. 이름 자체에 일체 공덕이 갖추어져 있기 때문에 참선병이나 세간의 병도 정말로 마음만 모아지면 다 치유할 수가 있는 것입니다.

그리고 법희선열法喜禪悅을 느껴야 합니다. 무엇을 공부하든 재미가 없으면 오래 하기가 어렵습니다. 부처님 법도 마찬가지입니다. 부처님 공부를 할 때는 행복감이나 몸도 마음도 가벼워지는 것을 느껴야 되겠지요. 이러한 기쁨을 느끼지 못하면 공부를 오래 하기가 어렵습니다. 장엄한 광명세계 모든 것이 원만하게 갖추어진 영원한 고향, 우리의 이상향인 극락세계를 마음에 두고 항상 생각하면 기쁨이 절로 나오게 됩니다. 그리고 그렇게 생활하면 인간사의 모든 갈등이 바로바로 해소되는 것입니다.

고성염불高聲念佛의 열 가지 공덕 가운데 염불공덕 하나에 천마경포天魔驚怖라고 했습니다. 나쁜 귀신들이 나무아미타불 염불 소리를 들으면 놀라고 두려워하여 우리한테 침범을 못합니다. 더군다나 염불소리에 선신善神들이 우리 옆에 와서 에워싸고 지킵니다. 염불소리는 나쁜 귀신들을 쫓아냄과 동시에, 선신들을 불러들여 우리를 이중삼중으로 보살펴 주는 소리입니다.

따라서 어느 때나 어느 자리에서나 염불하다 보면 자기도 모르는 가운데 마음이 본래의 자리로 차근차근 돌아가게 되는 것입니다. 그렇게 하여 한 순간도 염불을 놓지 말고 우리가 필경 돌아가야 할 영원한 고향인 극락세계로 마음을 모아야 합니다. 극락세계의 이미지를 놓치지 말고 나무아미타불 염불을 해서 깨달음을 얻으면, 바로 이 자리에서 극락세계의 다시없는 영원한 행복을 다 수용할 수가 있습니다

(23) 여러분들 한번 해보십시오

나무아미타불南無阿彌陀佛! 관세음보살觀世音菩薩! 염불을 수만 번 해보십시오. 그러면 자기도 모르는 가운데 마음이 고요해 옵니다. 그래서 자기 집 근처에 시냇물이 흘러가면 그 시냇물 소리가 틀림없이 염불 소리로 들려옵니다. 비록 시냇물이 없다 하더라도 그냥 바람 소리가 들려와도 그 바람 소리가 그 신묘한 음악으로 들려옵니다. 그런 바람 소리나 물소리나 좋은 소리뿐만 아니라 나쁜 소음도 공부가 되어 놓으면 그 나쁜 소음 공해까지도 정화가 되어서 아주 신묘한 멜로디로 우리한테 들려옵니다.

행복幸福으로 가는 길에 다른 길은 절대로 없습니다. 무수한 성자聖者들이 순교殉教도 하고 또는 무수한 성자가 신명을 바치고서 우리 인간한테 탄탄대로坦坦大路를 열어주신 성불의 길, 성자가 되는 길, 그 길 이외는 절대로 참다운 행복, 참다운 자유, 참다운 평화는 없습니다. 이것은 우리 인류가 지금까지 경험을 다했습니다. 검증檢證을 다했습니다.

그러나 그렇더라도 부처가 되고 성자가 되는 길이 꽁

장한 어려운 길이 아닌가? 이렇게도 생각을 하신단 말입니다. 방금 제가 말씀드린 바와 같이 절대로 어려운 길이 아닙니다. 여러분들 지금 몸이 어디가 아프신 분도 많이 계시겠지요. 그러나 정말로 여러분들께서 내 생명의 본 성품은 모든 것을 갖춘 만능萬能을 갖춘 부처님이다. 이렇게 온전히 생각할 때는 여러분들 그 잔병이 그냥 즉시에 똑 떨어지는 것입니다.

저는 어제 대구大邱를 갔다 왔는데 그곳에서 어느 처사님이 허리가 아프다고 절을 잘 못한단 말입니다. 그래서 저는 그분한테 "당신은 지금 정말로 만능의 힘을 감추고 있습니다." 이런 말씀을 몇 번 했더니 "대저 허리가 아프지 않습니다." 이래요. 과장인가 모르겠습니다마는 저는 틀림없이 과장이 아니라고 생각을 합니다. 정말로 그렇습니다. 우리 마음은 신비·부사의不思議한 것입니다. 본래 부처이기 때문에 자비慈悲나 지혜智慧나 행복幸福이나 능력能力이나 모두가 다 완벽한 것이 갖추어져 있습니다.

완벽한 그러한 것이 우리 마음이기 때문에 우리 마음을 100% 믿는다고 생각할 때는 어떤 분야로 보나 우리 인간의 생명을 최선으로 살리는 것입니다. 세상을 보면 별 것도 아닌 것 가지고 고생하는 분들이 많이 있습니다. 그러나 정말로 바로 믿어버리면 앞서 제가 말씀드린 바와 같이 "신시보장 제일법信是寶藏 第一法"이라. 보배 가운데 제일 큰 보배가 부처님 가르침 천지 우주의 생명을 바로 믿는 것입니다. 바로 믿어 가시면 부처님을 한번 외면 한번 외운만큼, 부처님 생각을 한번 하면 한만큼 우리 몸과 마음은 빛나는 것입니다.

우리 부처님은 바로 우주에 충만한 광명光明입니다. 우주에 충만한 빛입니다. 그러기 때문에 부처님을 한번 외고 한번 생각을 하면 우리 몸이나 마음이나 그만큼 빛나는 것입니다. 여러분들 염불하시고 거울 한번 보십시오. 훨씬 달라집니다. 다른 사람을 부처같이 생각하고 정말로 염불해 가시면서 거울을 보시면 꼭 차이가 있습니다. 건강과 우리 마음과 절대로 둘이 아닙니다. 우리 마음이 차근차근 밝아지고 차근차근 표정이 더 빛나가고 그러는 것입니다.

제 뒤에 계시는 부처님을 보십시오. 금색으로 해서 이렇게 우리가 장엄스럽게 모시는 것은 부처님은 본래 생명의 빛으로 우주에 충만해 있기 때문입니다. 우리 마음은 모양이 없지만 하나의 훤히 빛나는 만능을 갖춘 바로 광명입니다. 그러한 소중한 우리 마음을 두고서 우리는 다른 데로 갈 수가 없습니다. 본래 부처한

難信之法
ㅡ불설무량수경

若聞斯經 信樂受持 難中之難 無過此難
遇善知識 聞法能行 此亦爲難
如來興世 難値難見 諸佛經道 難得難聞
어려운 것 중에서 어려우니, 이보다 더 어려운 것은 세상에 없느니라.
더구나 이 경전을 듣고서 믿고 좋아하며 수지하기는
선지식을 만나 법을 듣고 수행하기도 또한 어려운 일이니라.
제불의 경전과 도법은 얻기도 어렵고 듣기도 어려우며,
여래의 세상에 출현하심은 만나기도 어렵고 뵙기도 어려우며,

南無阿彌陀佛

테서 나와서 부처한테로 가는 것이 우리입니다.

우리 광주에 계신 여러분들께서 정말로 부처님 법을
외도로 믿지 마시고 온전히 믿으시기 바랍니다. 여러분
들께서는 남을 원망할 일도 많이 있겠지요. 더러는 억
울한 일도 당하고 계시겠지요. 그러나 그런 것은 모두

가 인연因緣 따라서 허투로 겉만 허망한, 겉만 잘되고 못되고 그러는 것이지 설사 내 아들이나 내 딸이나 내 동생이나 내 친척 가운데서 누가 억울하게 죽음을 당했다 하더라도 이것도 허망한 상입니다. 인연 따라서 다 그러는 것입니다. 바로 살다 가셨으므로 죽자마자 좋은 쪽으로 생을 받습니다.

광주는 빛나는 고을 아닙니까. 명실공히 광주가 빛나는 고을이 되기 위해서는 부처님 법을 따라야 합니다. 부처님 법을 따르기 위해서는 모든 사람을, 내 부모를 죽인 사람이라 하더라도 다 용서하고 말입니다. 부처님 같이 보면 그때는 정말로 우리 광주가 빛이 납니다. 다른 묘방은 절대로 없습니다. 이것은 무수한 성자들이 다 검증한 길입니다.

불자님들 꼭 부처님 법을 스스로 닦아서 바로 믿으시고 우리 가정도 부처님 법으로 빛나고, 우리 빛나는 고을 광주도 꼭 빛나는 고을 되어서 우리 한국불교가 틀림없이 세계에서 가장 빛나는 진리로 해서 세계 사람들이 다 우러러보고 신앙하게 될 것입니다. 우리 한국은 비록 분단의 조국이지만 틀림없이 우리 한국이 세계적으로 진리의 선진국이 꼭 되리라고 저는 확신합니다.

그런데 우리 광주가 그 근본 본거지가 되고 진리의 발 상지가 되도록 까지 해주실 것을 간절히 바라면서 오 늘 산승의 법문을 마칩니다.

극락세계라는 곳은 모두가 다 광명정토光明淨土입니다.
지금 여기에 사고 있는 우리 사람같이 물질적 존재로
있는 것이 아니라 오직 광명세계란 말입니다.
우리 몸도 (깨닫고 보면) 광명입니다.
극락세계의 중생은 무극허무지신無極虛無之身입니다.
물질이 아닌 광명으로만 된 무량無量의 몸이라는 말입니다.
몸이 물질로 이루어진 것이 아니기 때문에
극락세계의 중생은 개체인 동시에 바로 전체입니다.
- 청화 큰스님

(24) 염불은 부처가 부처를 생각하는 것

다음에는 염불念佛과 참선參禪의 문제. 염불과 참선의 관계는 굉장히 중요한 문제입니다. 우리가 보통 불교인도 "염불은 하근중생下根衆生, 근기 낮은 사람들이 하고 참선은 근기가 높은 사람들이 한다." 이렇게 소박하게 생각을 합니다. 그러나 그것은 부처님 말씀이 아닙니다. 부처님 말씀도 아닐 뿐더러 정통 조사의 말씀도 아닙니다.

왜 그런가 하면 염불은 우리가 본래로 부처인데, 그 부처가 부처를 생각한단 말입니다. 내가 참나를 생각하는 것이 염불입니다. 또는 부처 가운데는 끝도 갓도 없는 신비神祕 부사의不思議한 생명의 공덕功德이 거기에 충만해 있는 것인데, 우리 중생들이 자기 마음에 들어 있는 무량공덕無量功德을 생각하고, 무량공덕의 이름을 외우고 그렇게 하는 그것이 방편方便 공부가 될 수 있습니까?[방편이 아닌 진실이라는 뜻]

다만 염불을 "아미타불阿彌陀佛이나 부처님은 저 밖에 어디 계신다. 극락세계極樂世界에 부처님이 계신다." 이렇게 할 때는 그것이 방편 염불이 됩니다. 그러나 참

염불 그것은 "시심시불是心是佛 시심작불是心作佛이라"(관무량수불경). 앞서 우리가 배우지 않았습니까. 본래 우리가 부처이기 때문에 이 마음으로 부처를 성취하고 이 마음이 바로 부처란 말입니다. 욕심도 부리고 못난 이 마음, 이 마음의 본 성품이 바로 부처입니다.

따라서 '본래 부처가 부처를 생각하는 그 공부'가 어떻게 해서 그것이 방편이라든가 낮은 차원의 공부가 되겠습니까? 사실 어떠한 공부나 주문呪文을 외우거나 화두話頭를 참구하건 염불을 하나, 기도를 모시나 모두가 다 사실은 부처를 생각하는 것입니다. 부처가 눈에 안 보이니까 이렇게 저렇게 방편을 내세우는 것이지 본래 부처가 없다면 불교가 어디서 나왔겠습니까? 천지 우주가 바로 하나의 법신法身 부처님이고 그대로 충만해 있는 생명의 광명光明입니다.

때문에 염불은 부처를 대상적으로 밖에서 구할 때 이것이 낮은 공부 방식이라고 할 수가 있는 것이지, 그렇지 않고서 "내 마음의 본 성품이 바로 부처요, 우주의 본래면목本來面目이 바로 부처다." 이렇게 생각하시고 염불을 하실 때에는 사실 가장 가까운 공부입니다.

우리 심리학에서 자기암시自己暗示라, 자기암시라는 것

은 가사 "내가 나쁜 놈이다. 나는 아무 힘도 없다. 나는 시험만 보면 매번 떨어만 진다." 이렇게 자기 비하卑下를 한다고 생각할 때에는 그 사람은 꼭 떨어지고 맙니다. 내가 별로 아프지도 않은데 의사가 잘못 오진誤診을 해서 "당신은 무슨 병입니다." 한 둘이 아니라 몇이서 그래 놓으면 정말로 아파버립니다. 이것이 이른바 자기암시 아닙니까?

우리 참다운 자기가 누구입니까? 참다운 자기가 부처란 말입니다. 따라서 "나는 본래 부처다. 그러므로 나는 무한공덕을 본래 갖추고 있다." 이렇게 생각하는 것이 가장 위대한 자기암시입니다. 우리가 생각해봅시다. '부처가 어디 있는가?' 이렇게 생각하는 것과 '내가 바로 부처다.' 이렇게 생각하는 것 가운데 무엇이 옳습니까? 석가모니부처님이나 위대한 도인들이 안 나왔으면 모르거니와 그 분들이 다 증명하시고 구구절절이 말씀하셨지 않습니까.

달마達磨 스님, 그리고 이조二祖 혜가慧可 스님 말씀이나, 육조六祖 혜능慧能대사 말씀이나 그냥 직설直說로 바로 말씀했단 말입니다. 비었으면 "비었다", 부처면 "부처다." 그리고 육조단경에서도 "심즉시불心卽是佛", "시심시불是心是佛 시심작불是心作佛", 우리의 마음이 바로 부처라는 그런 말씀이 한두 군데가 아닙니다. 매번 달마 스님과 혜가 스님의 일화를 소개해 드렸습니다마는 우리 마음이 어디가 별도로 모양이 있는 것이 아닙니다.

우리 마음이 좋고, 궂고 어디 있는 게 아니라 다만 우리가 버릇을 잘못 붙였기 때문에 스스로 괴로워할 뿐입니다. 그런데 그 '마음자리', 그 마음이 바로 부처라고 부처님께서 분명히 말씀하셨으니, 그렇게 믿으면 됩니다. 그러나 중생들은 부처가 지금 보입니까? 자기는 못나게 보이고 이상한 사람도 있고 나쁜 사람도 많이 있곤 하니까, 아! 저 따위 사람들한테 무슨 부처가 있을 것인가? 이렇게 생각한단 말입니다.

우리가 자기 아들·딸한테나 친구한테나 그 사람을 가장 잘 대접하는 것이 다른 데 있지 않습니다. 그 사람을 본래대로 부처같이 보고 최선을 다해서 기도하는 것입니다.

어느 누구나 그렇게 먼저 부처님같이 봐 놓고서 '다만 인연 따라서 내 아들로 태어났구나. 저 사람도 본래는 부처인데 인연 따라서 잠시간 나쁜 행동을 보일 뿐이구나.' 이렇게 생각하는 것입니다.

부처님의 은혜恩惠에는 열 가지가 있습니다. 실은 무량한 은혜가 있지만 그 가운데서 하나가 은승창열은隱勝彰劣恩이라. 부처님의 은혜가 많지만 부처님의 좋은 점은 숨기시고 나쁜 점을 우리한테 보인 은혜恩惠란 말입니다. 도둑놈이나 그런 사람들도 본래는 부처인데 부처란 좋은 점을 지금 가리고서 도둑이라는 나쁜 걸로 해서 우리에게 보입니다.

그래서 아들을 대하나 딸, 남편, 아내, 누구를 대하든지 먼저 '아! 저분도 본래 부처다.' 이렇게 생각하여 놓고서 그 다음에는 '인연 따라서 이루어지다 보니 아들·딸이 되고 남편이 되었구나.' 그래야 바르게 관계가 섭니다. 이것이 이른바 법계연기法界緣起라. 또는 여래장연기如來藏緣起라. 연기법으로 본다는 말입니다. 연기법이기 때문에 본래 무아無我이고, 무아이기 때문에 사실 내 소유所有도 없는 것입니다.

지금 자기가 큰 빌딩을 가지고 있고 또는 막대한 재벌가가 된다 하더라도 마음만은 탈탈 다 털고 살아야 합니다. 그래야 괴롭지가 않습니다. 최선을 다해서 우리가 기업도 경영하고, 장사도 잘하고 남한테 베풀기도 하고, 그래야 사회도 풍요롭게 되고 그렇겠지요. 그래서 최선으로 한다 하더라도 본래 이것은 나도 내 것이 아닌데, 내 몸뚱이도 내 것이 아닌데 저 따위 것들이 무슨 내 소유일 것인가?

다만 이것은 우주의 모든 존재, 모든 인간들의 공유물인데 내가 지금 관리하고 있다. 그러니까 최선으로 관리해야 내가 인간으로서 내 책임을 다하겠구나. 이렇게 생각하는 것이 우리 불자로서, 우리 기업인으로서 자기 사업에 대해서 가지는 바른 태도입니다. 이렇게 되어야 비로소 우리 인간 세상에 참다운 평화가 옵니다.

그렇지 않고서 연기법으로 보지 못하고서 그냥 세간적인 지혜로 분별시비分別是非로 본다고 생각할 때에는 우리 인류 사회에 갈등葛藤과 반목反目, 전쟁戰爭과 부패 여러 가지 비리非理 같은 것을 도저히 끊일 사이가 없습니다. 정도의 차이일 뿐인 것이지 그것은 한도 끝도 없습니다.

그래서 그렇게 염불을 저는 강조했습니다. 해서 참선을 하신 과거의 선지식善知識이라든가 부처님께서 하신 말씀들을 인용해 가지고서, 내가 원래 부처인데, 내 이름 내가 부르는데, 사실 나무아미타불南無阿彌陀佛이나 관세음보살觀世音菩薩이나 그런 이름이 바로 내 진짜 이름입니다. 김 아무개, 박 아무개, 그것은 금생에 작명가나 부모가 붙인 가짜 이름입니다.

내 진짜 이름은 바로 부처가 진짜 이름입니다. 그러기에 우리가 아침에 쉿송을 들어보면 알 수 있듯이 아미타불이 어디 한두 군데 있는 것이 아니라 일십일만구천오백 동명동호아미타불同名同號阿彌陀佛이라! 한도 끝도 없이 아미타불뿐이란 말입니다. 이름도 같고 호도 같고, 성자가 본다고 생각할 때에는 두두물물頭頭物物이, 그런데 가서 '두두물물'이란 말씀이 해당됩니다. 이것이나 저것이나 모두가 다 부처님이고 아미타불이란 말씀입니다.

인생人生이란 마음 한 생각 돌이키면 참 행복 뿐입니다. 그렇게 보면 이 세계가 바로 그대로 극락세계란 말입니다. 다 아미타불인데 극락세계가 안될 수가 있습니까. 신앙생활이라는 것은 우리가 바꾸어지는 것입니다. 우리 마음도 바뀌고 우리 행동도 바뀌는 것입니다.

1년이나 2년이나 부처님 믿고 변신하지 않으면 믿은 보람이 없지요. 부처님이 되고자 해서 부처님이 되어가는 그런 쪽으로 우리가 조금씩, 조금씩 바뀌어야 합니다. 우리 근기가 약해서 단박에 비약적으로 바뀌지는 못한다 하더라도 한 걸음 한 걸음 바뀌어야 신앙인으로서 보람이 있는 것입니다.

그렇게 되면 자기도 모르는 가운데 자기만 좋은 것이
아니라 천지신명天地神明이 다 지킵니다. 우리는 이러한
천지신명이 지킨다는 이른바, 호법신장護法神將이 지킨
다는 것을 꼭 명심銘心하셔야 합니다. 우리가 불佛, 법
法, 승僧 삼보三寶만 믿어도 36부 선신들이 우리를 다
지킵니다. 오계五戒만 우리가 지켜도 오오는 이십오라.
이십오 선신이 우리를 지킨단 말입니다.

천지 우주라는 것은 우주의 도리, 우주의 법도法道에
따르기 때문에 신장이나 하늘에 있는 천신天神들이나
모두가 다 우주의 법도를 지키는 것입니다. 그러기 때
문에 우리 인간이 우주의 법도를 따른다고 생각할 때
에는 또 그런 신장들이나 천신들이 우리를 가호加護합
니다. 그래서 염불과 참선이 본래로 둘이 아니라는 그
런 쪽으로 제가 정리를 했습니다. 저만 그런 것이 아
니라 과거 위대한 사람들이 다 그러했습니다.

원효元曉 스님, 의상義湘 스님 또는 보조국사普照國師, 서
산西山대사, 태고太古대사 모두가 그리했습니다. 이조
십삼대 종사의 글을 다 봤습니다만 그분들 글도 역시
다 그렇습니다. 조금도 집착이 없단 말입니다. 참선과

염불이 둘이 아닙니다. 참선할 때도 우리 마음이 진여불성 자리에 입각해 있으면 참선이 되지만 그냥 덮어 놓고 '이뭣고?' 한다고 참선이 되는 것이 아닙니다.

원래 화두話頭가 나올 때 그 자체가 본래면목本來面目 자리를 참구하고자 해서 나온 것이기 때문에 우리가 어떤 화두를 들던 지간에 분명히 본래면목 자리를 놓치지 말아야 하는 것입니다. 그래야 바른 참선이 됩니다. 따라서 우리가 염불도 부처님이 저 밖에 어디 계신다. 이렇게 생각해서는 참선이 못 됩니다. 그러나 내 마음이 바로 부처이고 천지우주가 그대로 진여불성이다. 이렇게 하면서 염불할 때는 그것이 바로 참선參禪입니다.

참선이 꼭 불교에만 있는 것이 아닙니다. 우리가 본래적인 본래면목本來面目을 떠나지 않으면 다 참선입니다. 이렇게 되어야 종교도 비로소 화해和解되고 그렇게 되어야 자기 마음이 넓어지곤 합니다. 본래 우주 구조 자체가 바로 진여불성眞如佛性에서 온 것인데 진여불성 안 여의고 생각한다고 할 때에는 모두가 술술 풀이가 됩니다.

그리고 끄트머리에 가서는 우리 공부를 북돋을 수 있

는 게송偈誦, 즉 말하자면 불교 시詩를 몇 구절 넣어서 마무리를 잡았습니다. 하기에 우리가 이런 것만 생각하시면 사실은 그냥 보기만 하셔도 쭉쭉 같은 도리로 일관되어 있습니다.

(25) 염불 공덕편

염불공극念佛功極 어일일시시於日日時時 일체처아미타불 一切處阿彌陀佛 진체명현기眞體冥現基 전임명종시영입前臨命終時迎入 구품연대九品蓮臺 상품왕생上品往生…
- 보조지눌 선사

염불공극念佛功極이라 염불의 공덕이 지극해지면 나날이 어느 때든지 아미타불의 진체眞體가 자기도 모르는 가운데, 아미타불의 광명이 은은하게 앞에 나타난다. 그리고 우리가 임종할 때는 모든 성인들이 우리를 맞이하러 와서 극락세계 중에서도 제일 높은 극락세계 구품연대, 조금도 오염이 없는 성자들만 계시는 그곳에 태어난다. 이런 뜻입니다. 이것은 보조국사 염불요문에 있는 법문입니다. 그 다음에는,

아미타불阿彌陀佛 정묘법신淨妙法身 편재일체중생심지遍在一切衆生心地 고운심불중생故云心佛衆生 시삼무차별是三無差別 역운심즉불亦云心卽佛 불즉심佛卽心…

아미타불명阿彌陀佛名 심심상속心心相續 염념불매念念不昧…
구구성공久久成功 즉칙則 홀이지간忽爾之間 심념단절心念斷絶
아미타불阿彌陀佛 진체탁이현전眞體卓爾現前…

– 태고보우 선사

아미타불의 청정하고 묘한 법신, 이것은 한계가 있는 몸이 아닙니다. 우주에 가득한 생명의 실상을 말하는 것입니다. 아미타불의 법신이 따로 있는 것이 아니라 일체 모든 중생의 마음에 두루해 있는 고로, 마음이나 중생이나 부처가 차별이 없다. 부처님의 참다운 광명이 우주에 가득 차 있거니, 부처님과 나와 또는 중생이 어떻게 차이가 있겠습니까.

부처님은 언제 어디에나 두루해 계신다는 뜻입니다. 그렇게 때문에 아미타불의 이름을 우리 마음에 두고서 염념상속이라, 생각 생각에 끊임없이 외운다고 생각할 때는 구구성공久久成功이라, 오랫동안 하면 잠깐 동안에 분별시비 하는 마음이 딱 끊어져서 아미타불의 참다운 몸이 훤히 나타난다 이런 뜻입니다. 이것은 태고보우 선사 염불법문입니다. 그 다음에,

심즉연불경계心則緣佛境界요   억지불망憶持不忘이라   구즉칭명
불호口則稱名佛號라   분명불란分明不亂   여시심구如是心口   상응
일념일성즉相應一念一聲則   능멸팔십억겁能滅八十億劫   생사지
죄生死之罪   성취팔십억겁成就八十億劫   수승공덕殊勝功德이라.
- 서산대사

우리 마음은 부처의 경계를 인연하여 잠시도 부처님을
잊지 않으며, 우리 입으로는 부처님 이름을 항시 외워
서 마음이 어지럽지 않게 하고, 이와 같이 마음으로나
입으로나 서로 상응해서 오로지 순수하게 한 생각으로
한번 소리 내어 염불하면 팔십 억겁 무수 세월 동안에
지은 죄를 다 없애고 동시에 무수 억겁 동안에 지을
수 있는 수승한 공덕을 성취한다. 이것은 서산 스님의
법문입니다.

다음에는 대무량수경에 있는 법문인데 우리 중생에게
당부하신 말씀입니다.

설만세계화設滿世界火   필과요문법必過要聞法
요당성불도要堂成佛道   광제생사류廣濟生死流

설만세계화設滿世界火, 설사 온 세계가 지진이 나고 불

바다가 될지라도 필과요문법必過要聞法이라. 반드시 그 불바다를 뚫고 나가서 부처님 법을 들어라. '요要 자' 이것은 '꼭'이라는 뜻입니다. 꼭 부처님 법을 들을지니, 그러면 요당성불도要堂成佛道라, 한사코 불도를 성취해서, 우리가 살면서 장사를 할 수도 있고 무슨 일을 할 수도 있으나 꼭 한사코 불도를 성취해야 함은 우리의 지상명령입니다.

광제생사류廣濟生死流, 널리 중생을 제도하라. 온 세계가 불바다로 휩싸이더라도 반드시 뚫고 나가서 우리 생명의 근원인 불법을 들을 것이며, 한사코 불도를 성취해서 만 중생을 제도하라, 이것이 우리 인간이 할 일입니다.

이것으로써 이번 순선 법회를 마감하겠습니다. 모두 바쁜 생활 가운데서 이렇게 몇 시간씩 시간을 내기가 어려우실 것인데 모두 열심히 나와서 함께 해 주셔서 감사합니다. 우리 한국이 비록 약소국이지만 부처님 가르침만은 우리 한국불교가 제일 앞서 있습니다. 원효스님을 비롯해서 의상, 보조, 대각국사, 서산대사 등 기라성 같은 대선사들의 가르침은 부처님 가르침 그대로입니다. 조금도 찌꺼기가 없습니다.

이런 불법을 가지고 우리가 세계로 나아간다고 생각할 때, 미국이나 일본 불교 등은 그들 나라 힘은 강하지만 그 종파성도 굉장히 강합니다. 그러니까 불법이 우선 하나가 되기 위해서 한국 불법이 중심이 돼야 합니다. 그렇게 되기 위해서는 우선 불법을 믿는 우리 불교인이 하나가 되어야 하고 우리 한국 불교의 순수하고 원통 무애한 불법을 바르게 알아야 되겠지요.

그렇게 해서 우선 불법으로 하나가 되고 그 다음에는 세계 종파가 하나가 되고, 불법만이 다른 종교를 다 포섭할 수가 있습니다. 이렇게 원대한 포부를 가지고 공부해 나가면서 생업에도 종사하시기를 바라마지 않습니다.

대단히 감사합니다!

(26) 비천을 찬탄함

찬비천讚飛天

비천을 찬탄함

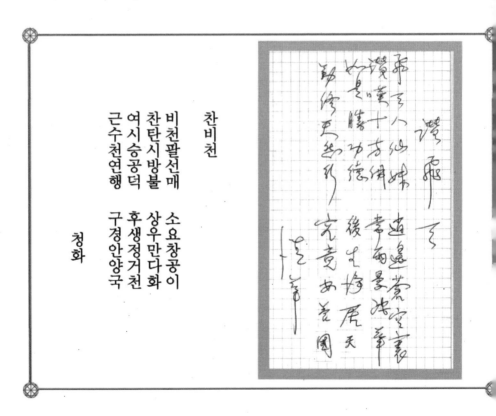

찬비천

비천팔선매　소요창공이
찬탄시방불　상우만다화
여시승공덕　후생정거천
근수천연행　구경안양국

청화

비천팔선매飛天八仙昧

여덟 분의 비천이 선매에 들어

소요창공이逍遙蒼空裏

　　푸른 하늘 속에 소요하니

찬탄시방불讚嘆十方佛

　　시방의 부처님이 찬탄하네

상우만다화常雨曼陀華

　　항시 만다라화가 비같이 내리니

여시승공덕如是勝功德

　　이와 같은 공덕 수승해

후생정거천後生淨居天

　　다음 생에 정거천에 태어나

근수천연행勤修天然行

　　부지런히 하늘 행을 수행하여

구경안양국究竟安養國

　　마지막에는 극락세계에 왕생하십시오.

　　- 청화淸華 큰스님

비천飛天: 하늘을 날아다니며 하계사람과 왕래한다는 선인.

만다라화: 천상계에 핀다고 하는 성스러운 흰 연꽃.

정거천淨居天: 성인이 난다고 하는 하늘.

안양국安養國: 극락세계의 별명別名.

우리가 숨이 끊어지면 그냥 그 허튼 업으로 해서 모아 놓은 이 몸뚱이 세포는 그대로 사라지겠지요. 그러나 생명자체는 그냥 즉시에 일초의 시차도 없이 즉시에 또 내생에 가서 몸을 받습니다. 천상天上도 분명히 있고 극락세계極樂世界도 분명히 있습니다.

천상이 어디에 있는 것인가? 우리 선업善業 따라서 어느 공간에 공해가 적은 공간에 천상도 분명히 존재합니다. 극락세계가 어디가 있는 것인가. 우리 마음에 번뇌가 없으면, 우리 마음에 아집과 법집이 없으면 어디에나 다 극락세계極樂世界입니다.

또 그와 동시에 정거천淨居天이라, 성자가 지내는 청정한 그런 처소가 있어요. 그런 데가 모두가 다 극락세계입니다. 성자들은 성인들은 그 도처가 이대로 극락세계고 제가 더 확실히 말씀드리면, 이 세계가 본래로 극락세계인데 우리 스스로가 어두워서, 어두워서 이렇게 보고 저렇게 보고 그런 우리가 좁혀서 보고 그렇게 하기 때문에 아주 옹졸한 그런 세계가 된 것입니다

극락세계는 어디에 있는 것인가? 삼천 대천세계가 화장세계라, 사실 우리 중생이 몰라서 그렇지 성자가 본다고 생각할 때는 이대로가 바로 극락세계요 화장세계

인 것입니다. 중생의 어두운 삼독심三毒心으로 보니까 안 보이는 것이지요. 그러면 극락은 어디 따로 있는 것인가?

이른바 불교에서 말하는 색계천色界天에 있는 정거천淨居天이 바로 성자들이 사는 하늘입니다. 우주란 것은 무량무변無量無邊 하기에 이 법계法界는 한계가 없는 것입니다. 그런 무량무변한 세계에 있어서 성자는 어디에 있으나 극락을 수용합니다. 그런 성자만 사는 정거천淨居天이 이른바 극락인 것입니다.

南無阿彌陀佛

나무아미타불

청화스님의 스승이신
금타金陀존사님 진영

저 한량없고 끝없이 맑은 마음세계와,
청정하고 충만한 성품바다와,
물거품 같은 중생들을
공空과 성품性品과 현상相이
본래 다르지 않고 한결 같다고 관찰하면서,
법신法身 보신報身 화신化身의 삼신三身이
원래 한 부처인 아미타불을 항시 생각하면서,
안팎으로 일어나고 없어지는 모든 현상과
헤아릴 수 없는 중생의 덧없는 행동들을
마음의 만 가지로 굴러가는 아미타불의
위대한 행동 모습으로 생각하고 관찰할지니라.
-금타金陀존사, 보리방편문菩提方便門 中

金剛心論

釋金陀書 淸華編

8. 보리방편문 菩提方便門

용수龍樹보살께서 저술한 책 가운데서 보리심론菩提心論
이라 하는 논장에 공부하는 요체가 많이 설명되어 있
습니다마는 이 보리방편문菩提方便門은 그 논장 가운데
서 공부하는 요령을 청화스님의 스승이신 금타(金陀:
1898~1948) 화상께서 간추린 것입니다.

여기 있는 문장도 금타 화상께서 쓰신 문장 그대로 입
니다. 전에 금강심론金剛心論을 낼 때는 저희들이 현대
적인 어법을 좀 구사해서 냈습니다마는 생각해 보니까
별로 오래된 분도 아닌데 고인들의 문장을 그대로 옮
기는 것이 그분들의 생명을 호흡하는 것 같아서 금타
존사님 문장을 그대로 옮겼습니다.

서 문

菩提란 覺의 義로서 菩提方便門은 見性悟道의 方便
이라 定慧均持의 心을 一境에 住하는 妙訣이니 熟讀

了義한 후 寂靜에 處하고 第一節만 寫하야 端坐正視
의 壁面에 付하야써 觀而 念之하되 觀의 一相三昧로
見性하고 念의 一行三昧로 悟道함.

보리방편문

心은 虛空과 等할새, 片雲隻影이 無한 廣大無邊한
虛空的心界를 觀하면서 淸淨法身인달하여 毘盧遮那
佛을 念하고, 此虛空的心界에 初日月의 金色光明을
帶한 無垢의 淨水가 充滿한 海象的性海를 觀하면서
圓滿報身인달하여 盧舍那佛을 念하고, 內로 念起念
滅의 無色衆生과 外로 日月星宿 山河大地 森羅萬象
의 無情衆生과 人畜乃至 蠢動含靈의 有情衆生과의
一切衆生을 性海無風金波自涌인 海中漚로 觀하면서
千百億化身인달하여 釋迦牟尼佛을 念하고, 다시 彼
無量無邊의 淸空心界와 淨滿性海와 漚相衆生을 空
·性·相一如의 一合相으로 通觀하면서 三神一佛인
달하여 阿化·彌報·陀法佛을 常念하고, 內外生滅相
인 無數衆生의 無常諸行을 心隨萬境轉인달하여 彌

陀의 一大行相으로 思惟觀察할지니라.

- 금타金陀 존사

방편문 직역

마음은 허공과 같을 새 한 조각의 구름이나 한 점 그림자도 없이 크고 넓고 끝없는 허공 같은 마음세계를 관찰하면서 청정법신인 비로자나불을 생각하고,

이러한 허공 같은 마음세계에 해와 달을 초월하는 금색광명을 띤 한 없이 맑은 물이 충만한 바다와 같은 성품바다를 관찰하면서 원만보신 노사나불을 생각하며,

안으로 생각이 일어나고 없어지는 형체 없는 중생과 밖으로 해와 달과 별과 산과 내와 대지 등 삼라만상의 뜻이 없는 중생과, 또는 사람과 축생과 꿈틀거리는 뜻이 있는 중생 등의 모든 중생들을, 금빛 성품바다에 바람 없이 금빛파도가 스스로 뛰노는 거품으로 관찰하면서 천백억 화신인 석가모니불을 생각하고,

다시 저 한량없고 끝없이 맑은 마음세계와, 청정하고 충만한 성품바다와, 물거품 같은 중생들을 공空과 성품性品과 현상相이 본래 다르지 않고 한결 같다고 관찰하

면서, 법신法身 보신報身 화신化身의 삼신三身이 원래 한 부처인 아미타불을 항시 생각하면서,

안팎으로 일어나고 없어지는 모든 현상과 헤아릴 수 없는 중생의 덧없는 행동들을 마음의 만 가지로 굴러 가는 아미타불의 위대한 행동 모습으로 생각하고 관찰할지니라.

해 설

보리菩提란 깨달음이란 뜻으로서, 보리방편문은 견성오도見 性悟道의 하나의 방편입니다. 정定과 혜慧를 가지런히 지니 는 마음을 한 가지 경계에 머물게 하는 묘한 비결이니 잘 읽어서 뜻을 깨달은 후 고요한 곳에 처하고 제일절만 써서 단정히 앉아 바로보는 벽면에 붙여서 관觀하고 생각하되 관의 일상삼매一相三昧로 견성見性하고 념念의 일행삼매一行三昧로 오도悟道함이라.

육조단경의 일상삼매·일행삼매나 또는 4조 도신대사의 일상삼매·일행삼매와도 상통이 되기 때문에 관심을 가지고 특별히 여기에서 제가 말씀을 드리는 것입니다.

"심心은 허공과 등等할새 편운척영片雲隻影이", 조그마한 그림자나 흔적이나 흐림이 없는 광대무변의 허공적 마음세계를 관찰하면서 청정법신淸淨法身인달하야, "인달하야" 이 말은 '무엇 무엇인' 하는 접속사로 고어입니다.

곧 청정법신인 비로자나불을 생각하고 이와 같은 광대무변한 허공적 심계心界에 일월日月보다도 초월한 금색 광명을 띈 무구無垢의 정수淨水가, 눈부신 세간적인 금색광명이 아닌 순수한 금색광명을 띄고 있는 띠끌이 없는 청정한 물의 성품이 충만한 해상적海象的, 마치 바다와 같은 불성佛性 바다를 관찰하면서 이 자리가 바로 원만보신圓滿報身인 노사나불임을 염하고,

자기 마음으로 생각이 일어나고 생각이 멸해지는 무색중생無色衆生과, 불교에서 중생이라 하면 자기 생각 즉 관념도 중생이라 합니다. 다만 모양이 없으니까 무색중생인 것입니다. 밖으로 눈으로 보이는 일월성수日月星宿나 산하대지 삼라만상의 무정중생無情衆生과, 의식이 없이 보이는 중생은 우리 중생 차원에서 무정중생인 것이지 본질적으로 본다면 일체 존재가 다 진여불성의 화신인지라 모두가 다 마음이요 모두가 다 식識이 있는 것이 아니겠습니까?

사람이나 축생이나 내지 꾸물거리면서 식識이 있는, 인간 같은 6식이 아니라 5식을 말하겠지요. 준동함령(蠢動含靈: 꿈틀거리는 모든 생명체)의 유정중생有情衆生과의 일체중생을, 광대무변한 불성 바다에 갖추어 있는 공덕으로 바람도 없이 금색 파도가 스스로 뛰는 마치 바다에서 일어나는 물거품으로 관찰한다는 것입니다.

즉 앞에 든 우리 관념상의 무색 중생이나 또는 우리가 밖으로 보이는 해나 달이나 또는 각 별들이나 산하대지나 삼라만상의 무정중생이나 우리 사람이나 축생이나 내지 준동함령의 유정중생이나 이런 것 모두를 어떻게 관찰하는가 하면, 광대무변한 불성 바다에 바람도 없이 거기에 갖추어 있는 불성 공덕으로 스스로 뛰노는 불성佛性의 물거품으로 관찰한다는 말입니다.

이것이 바로 천백억 화신千百億化身인 석가모니불이구나 하고 념念하고, 석가모니불의 명의를 좁게 본다면 역사적인 석가모니 부처님만 화신이겠지마는 광범위하게 본질적으로 본다면 두두물물頭頭物物 모든 중생이 다 석가모니부처님이 되는 화신입니다. 따라서 무색 중생이나 또는 무정중생이나 유정중생이 모두가 다 천백억 화신이라는 말입니다. 석가모니부처님과 우리 중생은 조금도 차이가 없습니다. 다만 상相에서 볼 때에 석가모니 부처는 깨달은 부처이고 중생은 깨닫지 못한 부처일 뿐입니다.

다시 처음부터 되풀이하면, 저 청정법신 비로자나불의 깨끗하고 끝도 가도 없이 광대무변하게 비어 있는 마음 세계와, 원만보신圓滿報身 노사나불의 정만성해淨滿性海 즉 불성 바다와, 그 불성 바다에서 인연 따라서 물거품같이 일어나는 것 같은 천백억 화신인 구상漚相중생을,

즉 청공심계의 공空·정만성해인 성품의 바다인 성性·거기에서 일어나는 일체중생의 상相이 원래 셋이 아니라 합해서 하나의 실상으로 통해서 관찰하면, 이것이 삼신일불三身一佛인 청정법신이나 원만보신이나 또는 천백억 화신이나 이 삼신이 원래 하나의 부처인 아미타불이라고 회통會通해서 항상 끊임없이 관찰하고 생각念합니다.

부처님 명호는 그때그때 쓰임새의 차이가 있어서 학문적으로 공부할 때는 여러 가지로 갈등을 느낍니다. 아미타불이라 하면 우리가 쉽게 생각할 때는 극락세계 교주라고만 생각하기가 쉽습니다마는 그것은 상징적으로 하신 말이고, 가사 관무량수경觀無量壽經 등에 나와 있는 아미타불은 아까 말씀드린 바와 같이 바로 우주

자체를 말합니다. 따라서 대일여래大日如來 또는 비로자나불毘盧遮那佛이나 같은 뜻입니다.

아미타불을 극락세계의 교주라 할 때도 뜻을 깊이 새겨보면 극락세계가 따로 있는 것이 아니요, 천지 우주가 바로 극락세계인 것입니다. 다만 중생이 번뇌에 가리어 극락세계의 무량공덕을 수용하지 못하는 것입니다.

이른바 정수正受와 같이 정다웁게 여법히 받아들이지 못하니까 더러운 땅인 예토穢土요, 사바세계娑婆世界가 되는 것이지, 우리가 정말로 삼독오욕三毒五欲을 다 떼어버리고서 청정한 마음이 된다고 할 때는 정수正受가 되어 이대로 사바세계가 극락세계인 것입니다.

따라서 극락세계 교주의 아미타불이란 뜻이나 천지 우주가 바로 아미타불이란 뜻이나 결국은 같은 뜻인 것입니다. 아미타불阿彌陀佛의 '아阿'자는 화신을 의미하고 '미彌'자는 보신을 의미하고 '타陀'자는 법신을 의미하나니 아미타불 곧, 참나[진아]를 생각하고, 마음으로나 밖으로 보이는 모든 현상이나 생하고 멸하는 헤아릴 수 없이 많은 중생의 덧없는 모든 행위를 심수만경전心隨萬境轉이라, 이것도 대승 경전에서 자주 나옵니다.

청화 큰스님께서 생전에 주석하셨던 성륜사 조선당

우리 마음이 만 가지 경계로 구른다 곧, 바꿔진다는 말입니다. 마음이라 하는 우주의 실존 생명이 만 가지 인연 따라서 만 가지 경계로 전변한다, 인연 따라 변한다는 말입니다. 그러나 실제 실상實相인 마음 곧 불성은 변하지 않겠지요.

다만 상相만 나툴 뿐인데 우리 중생은 상만 보고 본

성품을 못 보는 것이니까 다르다, 변한다 하는 것이지 본체에서 본다면 변동이 없는 것입니다. 마음이 만 가지 경계에 전변하는 미타彌陀의 일대행상一大行相으로 생각하고 관찰해야 한다는 뜻입니다.

나무아미타불 나무아미타불 나무아미타불

탑전　조선당　금강선원(성련대)

설령각

대웅전

옥과미술관

지장전

백련당

정운당　범종각　육회당

적멸보궁 불사지

법성당

해우소　종무소　금강문　일주문

경내주차장　야외주차장

청화스님문도회의 근본도량인 곡성 성륜사 전경

청화淸華 큰스님 행장

* 1923년 전남 무안군 망운면 출생
  망운소학교, 일본 동경의 대성중학교 졸업
  광주사범학교 졸업, 망운중학교 설립
* 1947년 세납 24세에 백양사 운문암에서 금타화상을 은
  사로 출가
  출가 이후 무안 혜운사, 두륜산 진불암, 지리산 백장암,
  벽송사, 구례 사성암, 용문사 염불선원, 보리암 부소대,
  부산 혜광사, 두륜산 상원암 등에서 수행 정진하심.
* 1985년 전남 곡성군에 소재한 동리산 태안사에서 삼년
  결사를 시작으로 회상을 이루시어 대중교화의 인연을
  지으시고 1995년까지 한국전쟁으로 화마를 입었던 태
  안사를 중창 복원하여 구산선문 중 하나인 동리산문을
  재건하심.
* 미주포교를 위해 카멜 삼보사, 팜스프링 금강선원 등을
  건립하시고 삼년결사를 수행하심.
* 1990년 성륜사 건립, 도봉산 광륜사 조실, 조계종 원로
  의원으로 계시다가 2003년 11월 12일 열반하심.

염불법문을 정리하며

어느 분이 "장좌불와 염불선을 하시는 스님께서 어떻게 정토삼부경을 내셨습니까?" 물으니 "현재 우리 불교종단은 화두선 위주로 되어 소위 원로스님 대부분이 염불을 경시하는 풍조가 있기에 정말로 부처님께 송구스러워 정토삼부경을 먼저 번역 출간했습니다"라고 큰스님께서 말씀하셨습니다.

한국불교 수도의 사표이신 청화 큰스님은 많은 오해와 비판을 받았지만, 근년에 들어 위대한 수행력과 염불선 법문이 인정되고 있으니 다행이라 생각됩니다. 그러나 일반 불자들은 큰스님의 염불선을 말만 듣고서 참선이라 단정하기에 염불수행을 하는 저로서 큰스님의 칭명염불 법문을 별도로 알려야겠다는 마음이 생겼습니다.

'원통불법의 요체' '실상염불선' 등은 넓고 깊은 내용으로 정통의 참선 혹은 염불선의 교과서로 종파를 초월하여 수행자가 공부해야 할 도서입니다. 마찬가지로 '청화스님 염불공부법'은 특별히 칭명염불을 하시는 불자에게 진실한 가르침으로 받아질 것이라 사료합니다.

고불총림 백양사 방장스님께서 "참선은 비단을 짜는 것이요, 염불은 삼베를 짜는 것이다"라고 비유하셨습니다. 이는 비단이 귀하고 좋아도 재료, 기술과 노력이 상당해야 가능하고 삼베는 비교적 쉽다는 것인데, 각자의 자질과 조건이 맞아야 한다는 의미겠지요.

비단을 짜느라 장시간 허탕 치지 말고, 임종시 삼베로나마 몸을 가리고 반야용선에 올라 극락왕생함이 훨씬 가치 있으리라 확신합니다.

청화 대종사의 법문을 정리하고 펼치는 '청화 불교대학'과 '무주선원 카페'의 자료를 바탕으로 편집했음을 밝히며 본정 학장님과 본연 스님께 감사드립니다. 아울러 다소 미흡한 내용이 보완되어 차후에 더 나은 공부법이 출간되리라 기대합니다.

마음의 고향인 극락세계를 갈망하고, 마음의 스승인 청화 큰스님께 정례 올립니다.

나무아미타불 나무아미타불 나무아미타불!

재천 합장

청화스님의 염불 공부법

1판 1쇄 펴낸 날 2025년 3월 17일

법문 청화淸華 큰스님
발행인 김재경 **편집** 김성우 **마케팅** 권태형 **제작** 현진기획인쇄
펴낸곳 도서출판 비움과소통
　　　　　서울 금천구 가산디지털2로 43-14 한화비즈2차 7층 702호
　　　　　전화 010-6790-0856 팩스 0505-115-2068
　　　　　이메일 buddhapia5@daum.net

© 청화스님, 2019
ISBN 979-11-6016-117-5 03220